VŒU NATIONAL

AU SACRÉ-CŒUR DE JÉSUS

✣

La Savoyarde

EN VENTE :

AU BUREAU DE L'ŒUVRE, 8, RUE DE FURSTENBERG

ET A LA BASILIQUE

PARIS. — IMPRIMERIE DEVALOIS,
AVENUE DU MAINE, 144.

VŒU NATIONAL

AU SACRÉ-CŒUR DE JÉSUS

✣

La Savoyarde

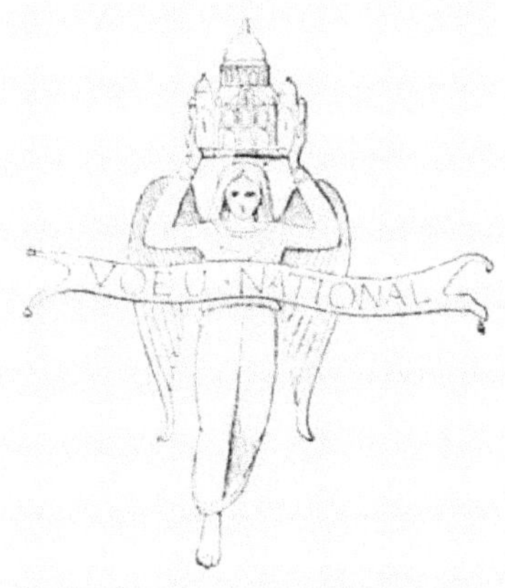

EN VENTE :

AU BUREAU DE L'ŒUVRE, 8, RUE DE FURSTENBERG

ET A LA BASILIQUE

PARIS. — IMPRIMERIE DEVALOIS,
AVENUE DU MAINE, 144.

TRAVERSÉE DE PARIS PENDANT LA NUIT DU 16 OCTOBRE

LA SAVOYARDE

BOURDON DE LA BASILIQUE DU VŒU NATIONAL

A MONTMARTRE

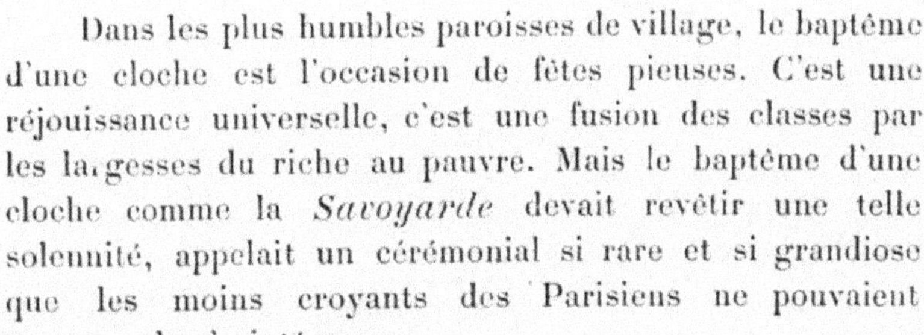

Dans les plus humbles paroisses de village, le baptême d'une cloche est l'occasion de fêtes pieuses. C'est une réjouissance universelle, c'est une fusion des classes par les largesses du riche au pauvre. Mais le baptême d'une cloche comme la *Savoyarde* devait revêtir une telle solennité, appelait un cérémonial si rare et si grandiose que les moins croyants des Parisiens ne pouvaient manquer de s'y intéresser.

De fait, la presse entière s'en était préoccupée, et nous sommes heureux de le constater, à deux ou trois exceptions près, la note avait été bienveillante.

Dès la veille, l'église était somptueusement décorée. Des tentures de velours rouges à crépines d'or entouraient le chœur, la chaire et les bancs d'œuvre. Autour des piliers et dans le sanctuaire, des massifs de verdure et des gerbes de fleurs jetaient leur note gaie.

A l'extérieur, les charpentes du beffroi provisoire étaient recouvertes d'étamine blanche garnie de crépines d'argent. Sur les draperies étaient disposés artistement des faisceaux de drapeaux tricolores et d'écussons en forme de boucliers, autour desquels on pouvait lire ces mots : « Dieu, Patrie, Honneur. » Un immense velum de velours rouge était tendu à côté du beffroi et formait une tente sous laquelle devaient se tenir l'archevêque de Chambéry, les évêques présents à la cérémonie, les membres du haut clergé, la marraine, madame la comtesse Ernest de Boigne, etc.

Tout était prêt. Favorisée par un magnifique soleil, par une température exceptionnelle d'automne, la fête du 20 novembre dépassa toutes les espérances.

Deux heures avant l'ouverture des portes, les rues de la colline regorgeaient de monde. Aux abords de la basilique, c'était une foule immense, qui débordait en masses compactes sur tous les points de la butte. Les toitures étaient devenues de véritables terrasses où se pressait la multitude; des têtes humaines émergeaient de toutes les fenêtres. Les agents de la sûreté n'estiment pas à moins de 150,000 le nombre des personnes qui ont voulu s'associer à la fête de la *Savoyarde*.

A deux heures, le clergé pénètre dans la basilique absolument comble. Parmi les évêques on distingue : Son

Eminence le cardinal-archevêque de Paris, Mgr Hautin, archevêque de Chambéry, parrain de la cloche, Mgr Becel, évêque de Vannes, Mgr Esbérard, évêque de Rio-Janeiro, etc. Nous remarquons encore Mgr Peri-Morozini, secrétaire de la nonciature, MM. les vicaires généraux de Paris, MM. les vicaires généraux de Chambéry, le chapitre de Notre-Dame et près de 1200 ecclésiastiques.

Le programme fut réalisé d'une manière absolument satisfaisante et complète.

La cérémonie commença par l'exécution d'un poème symphonique composé pour la circonstance par M. Josset, directeur de l'harmonie des Frères de Saint-Jean de Dieu. Ce poème comprenait six parties qui correspondent aux six fonctions principales assignées à la cloche dans la liturgie catholique : « Louer le vrai Dieu, appeler le peuple, convoquer le clergé, pleurer les morts, chasser la foudre, relever la pompe des cérémonies. » Ce poème musical avait vraiment une allure imposante et fut magistralement interprété par les jeunes incurables.

La maitrise du Sacré-Cœur chanta successivement deux cantiques en l'honneur de la *Savoyarde*.

M. l'abbé Geispitz, maître de chapelle de la métropole avait composé la musique du premier, M. Gabriel Mulet, maître de chapelle au Sacré-Cœur avait composé et noté le second.

Le premier, dans son refrain, disait :

Sonne, cloche d'espérance,
Sonne, cloche du Sacré-Cœur,
Sonne le retour de la France
A Jésus-Christ toujours vainqueur !

Le refrain de M. Mulet, dont la musique constituait un modèle d'harmonie imitative était celui ci :

Du Sacré-Cœur, Françoise-Marguerite
Chante l'amour, la gloire et la bonté ;
Parle à la France et que ta voix l'invite
Au repentir, à la fidélité !

Nous n'analyserons pas ici le magnifique discours du R. P. Monsabré ; les amis du Sacré-Cœur pourront le savourer plus loin. Qu'il nous suffise de dire que le célèbre conférencier célébra avec ampleur la signification symbolique de la cloche. Sa diction très étudiée, souvent très belle, produisit une réelle impression. Sa voix nette, bien étoffée, parfois puissante, comme rajeunie par la circonstance atteignait les dernières zones de son auditoire.

Après ce remarquable discours, Son Éminence, le cardinal-archevêque de Paris adressa quelques mots de remerciement à l'orateur, à Mgr l'archevêque de Chambéry et à tous les donateurs de la *Savoyarde*. Puis, au chant du cantique composé par M. Mulet, le clergé et les fidèles se rendirent sur le chantier.

Au dehors, la foule avait tout envahi. A peine les tribunes et leur pourtour restaient-ils disponibles.

Son Eminence et le clergé montent sur la plateforme qui s'étend au-dessous de la *Savoyarde*. Sous la riche robe de dentelle qui recouvre la cloche est une ceinture d'où pendent huit rubans alternativement blancs et rouges. Ils indiquent les endroits où doit être posé le saint-chrême.

A l'aide de bouquets de buis bénits, fixés au bout de longs bâtons, le prélat lave extérieurement et intérieurement la *Savoyarde*, qu'on essuie ensuite. Il l'encense avec les parfums liturgiques qui s'élèvent de toutes parts en nuages odorants.

M. Fages, official du diocèse de Paris, faisait fonction de diacre, et M. Lefèvre, secrétaire particulier de Son Eminence, faisait fonction de sous-diacre.

Les rites de la consécration terminés, M. l'abbé Brettes, chanoine de la métropole, paraît sur une haute estrade dressée à quelque distance de la cloche, et adresse à la foule une vibrante allocution.

Quel lecteur du *Bulletin* ne connaît l'abbé Brettes ? L'ancien apôtre de Clignancourt est un orateur consommé. Il a le sens des foules. Avec sa tête énergique, sa voix superbe, il est bien fait pour parler aux masses. Nos lecteurs seront heureux de lire ces pages où l'on sent encore la flamme qui animait l'âme du prédicateur.

Plusieurs fois le discours vibrant, enthousiaste de l'orateur fut interrompu par les applaudissements des fidèles. Et cependant l'abbé Brettes suppliait l'auditoire de respecter son caractère sacré. Mais l'enthousiasme était irrésistible ; c'était un spectacle saisissant en effet que celui de ces 50,000 personnes remplissant le chantier et la rue Lamarck, figées dans l'immobilité, sous la parole du missionnaire. On pensait involontairement à un tableau de départ pour la croisade.

La foule attendait que la *Savoyarde* fût sonnée à la volée. Après le discours de l'abbé Brettes, le mécanisme de la cloche est mis en mouvement. Elle s'ébranle, la géante. Ses balancements robustes, réguliers, s'allongent. La foule regarde, écoute. Le lourd battant finit par atteindre la paroi sonore. Un premier son profond, majestueux, sort de l'airain sacré. Les applaudissements éclatent au milieu de la foule.

Bientôt, la pesante masse est mise en volée. Les coups se rapprochent, les sonorités se multiplient, se confondent. L'airain résonne comme s'il avait dix mille voix. C'est une tempête d'harmonie sur toutes les gammes de sons perceptibles, depuis le *contre-ut* immense, qui mugit dans les flancs gigantesques du métal, jusqu'aux notes suraiguës des dernières notes harmoniques, qui s'élèvent à l'infini dans les airs. La foule est émue, les applaudissements redoublent.

Et cette voix immense, c'était une prière sur Paris et sur la France, la première prière de la noble baptisée. Elle était l'écho du cri qui venait de monter de la foule : *Cor Jesu sacratissimum, miserere nobis!* Des flancs de la cloche sortaient abondamment les bénédictions que le Pontife consécrateur l'avait chargée de répandre sur la patrie.

Placée aux premières vêpres de la Présentation, comme si le souvenir de la Très Sainte Vierge au Cœur Immaculé ne pouvait jamais être absent des fêtes du Sacré-Cœur, le baptême de la *Savoyarde* comptera parmi les plus belles cérémonies dans l'histoire de la basilique de Montmartre.

LA FÊTE POPULAIRE

La seconde journée des fêtes du baptême de la *Savoyarde* a été digne de la première. — Dans la pensée de ceux qui l'ont organisée, il s'agissait d'une « Fête populaire » à offrir à ce laborieux peuple de Paris qui n'a pas de loisirs dans la semaine et qui voulait pourtant sa part de ces inoubliables solennités. — Le peuple de Paris a compris cette délicate pensée et il est monté hier, en foule, à Montmartre, malgré le froid, malgré la neige dont les petits flocons serrés et piquants flottaient dans l'air.

Dès midi et demi, la Basilique commençait à s'emplir. On la visitait; on s'arrêtait avec respect devant le Saint-Sacrement : les plus renseignés expliquaient aux autres comment ce monument superbe était sorti de terre, com-

ENTRÉE DE LA CLOCHE AU CHANTIER

ment déjà, sous la forme de multiples salaires, on a payé à l'ouvrier de tout métier, pour cette construction colossale, près de 20 millions de francs. D'autres s'approchent de la statue de saint Antoine de Padoue; et nous les surprenons se racontant entre eux la récente Fête des Pauvres et nous en voyons plusieurs glisser discrètement leur offrande au tronc du Thaumaturge. Un peu plus loin, un autre groupe est en admiration devant une belle statue de marbre éclatant de blancheur et nous entendons un de ces hommes dire à mi-voix : « C'est le chef des missionnaires. » Peut-être ne savait-il pas si bien dire. Dans la chapelle de la Sainte Vierge le Saint-Sacrement est exposé à l'adoration d'un groupe de patrons chrétiens. Et le peuple qui passe, ou fléchit le genou, ou salue en se signant.

Les chapelains du Sacré-Cœur se prodiguent : ils font tous leurs efforts pour caser à son gré toute cette foule qui, d'instants en instants, devient plus compacte. A trois heures, il est presque impossible, même avec les plus hautes protections, de pénétrer dans la Basilique. Aux abords, sur les chantiers accessibles au public, la foule est aussi énorme. Et, de la tribune où nous sommes, nous voyons pourtant des hommes, des femmes, des jeunes gens, des vieillards qui jouent un peu des coudes, peinent beaucoup et finissent par trouver à s'établir près d'un pilier ou dans un angle quelconque. Le sanctuaire lui-même est envahi. Il y a du monde jusque sur les marches de l'autel.

⁂

L'Harmonie du Cercle du Sacré-Cœur est installée dans la tribune des orgues : elle joue un morceau très brillant. Le silence se fait, non pas profond, c'est impossible, mais suffisant pour marquer que ce peuple n'est pas venu à une fête quelconque mais à une solennité religieuse dont il a très bien le sentiment.

Mgr Hautin, archevêque de Chambéry, accompagné de ses deux vicaires-généraux, MM. les chanoines Quai-Thévenon et Colombain, paraît au chœur : il y est précédé par Mgr Hugonin, évêque de Bayeux, accompagné de M. l'archiprêtre d'Évreux. Les deux prélats vont occuper les trônes qui leur ont été réservés. Le clergé de la Basilique se place comme il peut. Le silence est devenu plus grand. Mgr Hautin entonne le *Magnificat* : les chantres et l'orgue continuent et le peuple entier chante le cantique sacré : *Deposuit potentes de sede et exaltavit humiles... Esurientes implevit bonis et divites dimisit inanes.* Allons, les philosophes et les savants, venez donc là, écouter ce peuple qui chante ! Il ne sait pas ce que vous savez ; ce peuple ! Mais il sait bien que la Vierge Marie est la mère de tous les hommes et que c'est de Dieu qu'il reçoit le pain quotidien.

Après le *Magnificat*, on chante le cantique de la *Savoyarde*, de M. Mulet, le Maître de Chapelle du Sacré-Cœur. C'est un morceau d'harmonie imitative très réussi. Au refrain, il semble que l'on entend retentir les graves notes du bourdon qui ronfle doucement, là tout près, derrière le mur en son campanile de bois, où l'apre vent du Nord vient la caresser rudement et en faire jaillir, à la dérobée quelques ondes perdues.

Maintenant les prélats sont au banc d'œuvre et dans la chaire est monté M. l'abbé Pillet, d'une vieille famille savoyarde, professeur de droit canon, depuis vingt ans à l'Université catholique de Lille et chanoine de la métropole de Savoie.

∴

Il était convenable, vraiment, qu'un fils de la Savoie eût la parole en ces solennités. Et il appartenait à celui-là qui est un maître de la parole sacrée fortement nourrie des Lettres Saintes et de l'histoire de sa province, de traduire, avec autant de distinction que d'autorité, les sentiments et les ardeurs généreuses de ses compatriotes.

Au moment où M. l'abbé Pillet va quitter la chaire, Mgr Hautin se lève et d'une voix pleine d'émotion dit ses remerciements au peuple de Paris et au peuple de Savoie ; aux Parisiens dont il est le frère, aux Savoyards dont il est le père. — Il conjure les uns et les autres d'être fidèles à la foi de leurs ancêtres. Il supplie les nombreux enfants de la Savoie qui habitent Paris, et qui sont là nombreux, de n'oublier jamais la foi de leur pays natal. — Il dit en souriant, son regret de ne pouvoir donner à tout le monde des dragées du baptême. Puis, se tournant vers Mgr l'évêque de Bayeux qui est, dit-il, presque un Savoyard, puisqu'il est Dauphinois, il le prie de s'unir à lui pour bénir ensemble le peuple de Savoie avec le peuple de Paris invoquant, côte à côte, le Sacré Cœur de Jésus.

∴

Les deux prélats élèvent leurs mains vers le ciel et les abaissent bénissantes sur la foule qui se signe au nom du Père, et du Fils et du Saint-Esprit.

∴

La bénédiction solennelle du Très Saint Sacrement est précédée de l'amende honorable improvisée par le R. P. Lemius et suivie des remerciements et des louanges du même orateur.

Il dit sa reconnaissance à la Savoie : « Que de fois, apôtre du Sacré-Cœur, nous aurions voulu faire entendre notre voix à tout Paris... Maintenant les âmes entendront le *Venite omnes*.

« Des liens étroits sont noués entre les Savoyards de Paris et de Montmartre...

« Les enfants de la Savoie aiment les montagnes. Montmartre est la montagne de la cité.

« La Savoie aime le Sacré-Cœur. Elle a entendu les accents de saint François de Sales, le précurseur de la dévotion au divin cœur de Jésus. Montmartre est le trône de l'amour divin.

« Enfin, Montmartre possédera à l'avenir le résumé des gloires savoyardes finement ciselées sur les flancs du bourdon.

« Savoyards de Paris, vous avez entendu tout à l'heure votre éminent archevêque vous exhorter à persévérer dans vos sentiments chrétiens. Venez apprendre près de votre belle *Savoyarde* les fiers sentiments qui doivent vous animer.

« On lit sur le blason de la ville de Rumilly ces mots : *E Capoué*. On m'a dit que cela signifiait, dans notre vieille langue : *Qu'est-ce que ça fait?* La ville qui garde précieusement cette devise était cernée par l'ennemi, elle résistait vaillamment. — « Mais, s'écrie le général des assaillants, que faites-vous? ne savez-vous pas que les autres villes se sont rendues?

« *E Capoué!* ripostent les enfants deRumilly; *qu'est-ce que ça fait?*

« Enfants de la Savoie, vous verrez autour de vous bien des lâchetés chrétiennes. On vous dira : « Ceux-ci se « sont rendus, ils sont livrés à l'indifférence, à la passion, à « Satan. » Redites la noble devise : *E Capoué!* Qu'est-ce que ça fait? Nous résisterons au mal, nous nous défendrons, nous nous sauverons.

« Oui, redites toujours : *E Capoué! E Capoué!* »

Puis toute l'assemblée va visiter la *Savoyarde*. On la fait sonner. On l'applaudit. Mgr Hautin distribue des dragées à profusion. L'enthousiasme de la foule se traduit par des acclamations répétées.

PESAGE A LA GARE DE LA CHAPELLE

DISCOURS

POUR LA

BÉNÉDICTION DU BOURDON « LA SAVOYARDE »

PRONONCÉ DANS L'ÉGLISE

DU VŒU NATIONAL AU SACRÉ-CŒUR

PARIS, LE 20 NOVEMBRE 1895

PAR LE T. R. P. MONSABRÉ

DES FF. PRÊCHEURS

> Viri ad vos clamito et vox mea ad filios hominum. Audite me quoniam de rebus magnis locutura sum.
>
> (*Proverbes*, VIII, 4.)

ÉMINENTISSIME SEIGNEUR,

MESSEIGNEURS,

MES FRÈRES,

L'Eglise aime à répandre ses bénédictions sur tous les objets destinés à nos usages. Nos aliments, nos vêtements, nos demeures, nos chemins, les instruments de notre travail et de notre industrie reçoivent, quand il nous plaît de le demander, une sorte de caractère sacré qui les met en harmonie avec les consécrations et les grâces dont l'âme humaine est à la fois le sujet et le sanctuaire. Mais ce que l'Eglise bénit, avec une particulière sollicitude et prédilection, ce sont les choses dont elle se sert pour le culte de Dieu. Tout doit être saint dans les saints rapports que l'humanité entretient avec le ciel, et comme nos âmes sont purifiées et consacrées par des lustrations et des onctions divines, afin qu'elles puissent s'approcher de Dieu sans être trop indignes de sa très haute et très pure majesté, les signes extérieurs destinés à nous avertir et à nous rassembler, dans une communauté de pieuses pensées et de pieuses actions, doivent aussi être purifiés et consacrés par des lustrations et des onctions divines, afin que leur langage pénètre plus avant dans nos cœurs et nous rappelle plus efficacement les grands mystères de la vie chrétienne. Voilà pourquoi la cérémonie, à la fois auguste et touchante, qui nous réunit aujourd'hui autour d'un airain muet encore, mais dont la voix déliée par les prières et les rites de notre sainte liturgie retentira bientôt au sommet de cette colline. Vous attendez qu'il parle, il parlera, mais je veux que vous puissiez comprendre sa parole. C'est pourquoi je vais vous dire ce que c'est que la cloche, et vous expliquer la bénédiction qu'elle reçoit, bénédiction que nos pères dans leur naïf langage ont appelée son baptême.

I

La cloche est une voix. Elle est au monument bâti de main d'homme, pour abriter, à la fois, le peuple chrétien et son Dieu, ce qu'est la parole au monument bâti de main divine, pour abriter le pur esprit dont les perfections reflètent la perfection infinie. Le corps humain est un sublime édifice préparé de longue main, pendant des milliers de siècles peut-être, par les révolutions qui ont agité la matière première et amené successivement tous les règnes de la création à leur entier établissement. Quand le monde fut prêt, Dieu s'inclina vers lui comme l'artiste vers la matière d'où il doit tirer un chef-d'œuvre. Il s'empara d'un obscur limon, le pétrit et façonna ce temple vivant où règne notre âme, notre corps.

Jetez sur lui un regard. Quelles parfaites proportions, quelle harmonie dans les lignes, quelle sagesse dans les distributions, quelle admirable unité dans la variété des fonctions ! Quelle solidité et quelle noblesse dans son attitude ! Il est attaché au sol et ne le quitte pas, une sphère rigide enveloppe et règle ses mouvements si souples et si flexibles. Il peut se courber vers la terre et lui demander ses trésors, mais son attitude naturelle est de se tenir droit, et de tourner son sommet sublime vers le ciel. *Os sublime dedit cœlumque tueri jussit.* Voilà le temple! chrétiens, et vous savez tous quel en est l'hôte illustre. C'est un esprit immortel, fait à l'image et à la ressemblance de Dieu. Sans cet esprit le corps humain, si parfait, n'est plus qu'une solitude condamnée au déshonneur de la corruption. Mais comment savons-nous que l'hôte est dans sa demeure, l'esprit humain dans son temple? — Mille signes nous l'indiquent : le regard abreuvé de lumière, tour à tour voilé, languissant, triste, sévère, brillant, joyeux, caressant, triomphant, les jeux variés de sa physionomie, les gestes, l'attitude... Autant de choses qui parlent et qui révèlent la présence de l'âme humaine dans le sanctuaire qu'elle peuple de pensées, de désirs, de passions. Cependant il manque quelque chose encore à un si bel édifice. Quoi donc? — Une voix. Tant que nous ne l'avons pas entendue, l'œuvre divine semble inachevée. C'est pourquoi notre cœur s'attriste à l'approche de ces enfants et de ces hommes disgraciés qui ne savent pas faire retentir leur âme dans le bruit harmonieux de la parole. Un muet est un temple vivant qui manque de sa dernière perfection.

Ainsi en est-il, mes frères, des temples de pierre construits par la foi et le génie des siècles chrétiens pour recevoir dans leur pieuse enceinte Dieu et sa famille. Ils ne se sont pas montrés tout à coup à la surface de la terre; mais comme le corps humain ils ont été préparés par de gigantesques révolutions. Les enfants de Dieu entourés de persécuteurs cachèrent d'abord leurs mystères dans de profonds et obscurs souterrains. Quand le paganisme eut frappé mille coups et ouvert mille plaies dans le corps de l'Église de Jésus-Christ, quand la constance des martyrs eut triomphé de ses fureurs impies, quand leur sang répandu comme un fleuve sur le sol inhospitalier de l'empire romain eut produit un César chrétien, les temples germèrent. On les vit s'élever partout, dans la solitude et au centre des plus populeuses cités. L'art et la richesse vinrent au secours de la foi. Ceux qui avaient reçu du ciel le feu sacré dressèrent leurs plans, et l'on vit des rois, des princes, des évêques, des prêtres endosser le sarreau du manœuvre, rouler sa brouette, transporter la pierre et le ciment qui devaient entrer dans la construction des saints édifices. Les mains blanches et délicates des femmes se blessèrent au contact des durs matériaux qu'elles apportaient. Saintes blessures, baisées avec foi et respect par l'époux et les enfants à l'ombre du foyer domestique. Les grands et le clergé prodiguèrent leurs sous d'or, le bourgeois ses deniers, le peuple ses oboles. Grâce à ces efforts généreux et à ces offrandes multiples, le monde se couvrit de temples admirables.

Ces temples ne sont pas des masses inertes condamnées au silence en même temps qu'à l'immobilité. Ils parlent! ils parlent comme le corps humain par leurs regards, fenêtres enflammées, rosaces éblouissantes, qui tamisent les rayons du soleil, et à travers lesquelles la lumière n'arrive à nos yeux que pour nous raconter la vie, les vertus, les bienfaits de Jésus-Christ et de ses saints. Ils parlent par la pureté de leurs lignes, la richesse de leurs dessins, la hardiesse de leurs formes. Ils parlent par leurs profondeurs, leurs ombres, leurs mystères, leur grâce, leur beauté; ils parlent par les symboles dont ils sont remplis. Ils parlent et ils attestent qu'ils ont été faits pour les deux plus grandes majestés qui se puissent voir et rencontrer ici-bas, la majesté de Dieu et la majesté du peuple chrétien.

Cependant, mes frères, comme il a semblé à Dieu que la beauté et les mouvements du corps humain, temple de l'âme, ne révélaient pas suffisamment la présence de son hôte immortel, de même il a semblé à l'homme que la beauté des églises et la perfection de leurs représentations et de leurs symboles ne révélaient pas suffisamment la présence des majestés qu'elles abritent; et comme Dieu a donné une voix au corps humain, l'homme a donné une voix aux églises. — Quelle voix? — Est-ce la voix du muezzin appelant au sommet des mosquées les enfants du prophète à la prière? — Née d'un souffle trop faible, cette voix ne peut avertir que les passants et les plus proches voisins du temple; les vents impétueux l'emportent bien loin de l'oreille humaine, les tempêtes l'étouffent, et ses cris grêles se perdent au milieu de tous les bruits qui retentissent autour de nous. Est-ce la voix des trompettes sacrées qui convoquaient jadis le peuple juif aux solennités? — Plus retentissante que la voix de l'homme, elle manque de cette ampleur et de cette majesté qui conviennent à nos temples. Et cependant il faut une voix à nos temples. Le génie chrétien l'a compris et il a inventé les cloches. Les cloches, je le répète, sont aux églises, ce qu'est la voix au corps humain. La voix du corps humain est la manifestation de l'hôte qui l'habite, l'âme immortelle; les cloches, voix de l'Eglise, sont la manifestation des hôtes qui l'habitent : Dieu et le peuple chrétien.

On peut, je le sais, les considérer à un point de vue artistique et poétiser leurs accents. Ils seront pour celui qui s'en va le dernier adieu de son pays natal, la dernière clameur, la dernière plainte, le dernier murmure de tout ce qu'il a aimé. En les entendant, il croira entendre père, mère, frères, sœurs, amis, la nature entière affligée de son départ. Tant de voix chéries dans une seule voix toucheront son cœur, et se retournant encore une fois vers la terre et les toits qu'il abandonne, il répondra par les gémissements de sa poitrine aux gémissements qui s'échappent de son clocher. La voix des cloches sera pour celui qui revient un pressentiment des cœurs qui l'attendent, un salut lointain qu'ils adressent à sa bienvenue, un cri de joie qui lui fera répandre de douces larmes. La voix des cloches bercera l'âme mélancolique, et ses molles ondulations l'emporteront jusqu'en ces vagues régions où l'on rêve à l'infini. La voix des cloches répandue dans l'espace mêlera ses notes uniformes à tous les bruits de la nature, aux soupirs des vents, au bruissement du feuillage, au murmure des ruisseaux, au gazouillement des oiseaux, et soutiendra comme une pédale harmonieuse le concert universel par lequel tous les êtres chantent la gloire de leur créateur. Que sais-je encore? — L'imagination fait tout dire et tout exprimer à ces instruments si sonores, si puissants, si graves, si solennels et si doux dont l'art chrétien a enrichi nos églises. Mais trêve aux rêveries de l'imagination. Je vous dois des considérations plus sérieuses, plus pratiques et plus chrétiennes.

La voix des cloches, c'est la voix de Dieu. C'est la voix du peuple.

C'est la voix de Dieu rappelant aux prédicateurs que, crucifiés avec leur maître, et comme suspendus entre le ciel et la terre, ils doivent prêcher sur les toits, d'une voix forte et puissante, ce qu'ils ont appris dans le silence de l'étude et le recueillement de la prière.

C'est la voix de Dieu. Et quand elles retentissent au matin de nos journées, elles nous avertissent que l'œil du Seigneur est ouvert sur notre vie, et que pour lui plaire il faut en sanctifier toutes les actions.

Au milieu du jour, elles nous rappellent que la prière doit alterner avec nos travaux, et que nous devons demander à Dieu son appui, pour soutenir les forces que nous devons dépenser encore dans les heures laborieuses qui nous restent à parcourir.

Au coucher du soleil, elles nous disent qu'il faut rendre grâce à Dieu du temps qu'il nous a accordé, de cette prolongation de notre vie qui nous a permis de travailler encore pour ceux qui nous sont chers, que le sommeil va venir, et qu'avant de nous jeter insoucieux dans les bras de cette demi-mort qui peut nous être funeste, nous devons nous jeter entre les bras de Dieu avec une conscience pure et un cœur confiant.

C'est la voix de Dieu qui distribue nos heures, c'est la voix de Dieu qui réclame les jours qui sont à lui. Vives, alertes, joyeuses, empressées, elles se livrent, les dimanches et les fêtes, des combats harmonieux pour nous inviter au repos, pour nous dire et redire, en chacune de leurs modulations, que notre vie ne doit pas être tout entière dépensée en des sollicitudes vulgaires, que nous devons en consacrer une partie à celui qui nous l'a donnée, quitter le foyer domestique pour le temple où nous attend le cœur plein de pardons et les mains pleines de grâces celui qui renouvelle notre jeunesse en réparant nos forces épuisées par le travail quotidien.

C'est la voix de Dieu qui retentit quand s'ouvre le tabernacle et que la majesté voilée du Seigneur se montre aux fidèles assemblés. Les tintements respectueux de la cloche portent au loin la bonne nouvelle du plus aimable des mystères et racontent au monde qu'un Dieu est avec nous. *Emmanuel, nobiscum Deus.*

C'est la voix de Dieu nous rappelant les mystères de la vie chrétienne : — le baptême qui nous a enfantés à une nouvelle vie, la grâce d'une première communion, les bénédictions descendues sur nos foyers domestiques.

C'est la voix de Dieu et aussi la voix du peuple. Voix du peuple qui invite les absents à s'unir à ses hymnes et à ses cantiques; l'orgue, voix du dedans, accompagne les prières de l'assemblée chrétienne; la cloche, voix du dehors, porte jusqu'aux cieux ses louanges, et dit à tous ceux qui n'ont pu venir au temple : Voici le moment solennel : adorons le Seigneur : *adoremus Dominum.*

C'est la voix du peuple saluant avec allégresse la naissance spirituelle d'un enfant, sa première communion, l'union des époux.

C'est la voix du peuple : son cri de détresse dans les tempêtes, invitant Dieu à la miséricorde et la terre à la prière.

C'est la voix du peuple : son cri d'alarme en présence des fléaux, incendies, inondations, invasions, son pressant appel à tous les dévouements de la charité et du patriotisme.

C'est la voix du peuple : voix pleine de tristesses et de larmes, râle de l'agonisant qui demande des prières pour vaincre l'ennemi dans la dernière lutte de la vie, gémissement de la famille qui veut un souvenir pour le cher mort qu'elle va confier à la terre.

Voix de Dieu, voix du peuple chrétien, les cloches nous adressent sans cesse cette parole que l'Écriture met dans la bouche de la Sagesse éternelle : *O viri ad vos clamito et vox mea ad filios hominum. Audite me quoniam de magnis rebus locutura sum.* O hommes je crie vers vous : ma voix se fait entendre aux fils des hommes, écoutez-moi, parce que j'ai à vous dire de grandes choses.

II

Puisque telle est la noble, religieuse et sainte fonction des cloches, vous devez comprendre, mes frères, pourquoi on les bénit avec une solennité comparable à celle que l'on déploie dans la bénédiction des églises. C'est que les cloches sont la parole de nos monuments sacrés et la manifestation des deux vies qu'ils renferment dans leur enceinte. On les entoure donc avec respect, on répand sur elles l'eau bénite, comme pour les purifier des souillures que le feu n'a pu leur enlever, et leur signifier qu'elles sont devenues des choses sacrées et qu'elles ne peuvent plus être employées à des usages profanes.

On leur fait des onctions au dedans et au dehors avec l'huile des infirmes et le saint-chrême, comme pour les fortifier et les engager à donner à tous le signal de l'effusion de la grâce qui se fait dans les âmes par les sacrements. On les noie dans des flots d'encens, comme pour les pénétrer de la bonne odeur de Jésus-Christ, leur commander de faire monter leur voix vers le ciel comme monte la fumée des parfums, et enseigner aux fidèles que le mérite de leurs louanges est moins dans le bruit de leurs voix que dans la sainteté de leurs mœurs et la pureté de leur vie.

On leur donne un nom de saint ou de sainte pour apprendre aux fidèles que c'est le cri d'un vivant qui retentit à leur oreille, le cri d'un héraut de Dieu et d'un ami du peuple.

Le pontife les fait sonner trois fois pour leur donner mission, au nom de Dieu qu'il représente ; les parrains et les marraines, trois fois pour leur donner mission au nom du peuple qu'ils représentent.

Enfin on les instruit, on fait leur éducation en chantant autour d'elles les psaumes qu'elles devront chanter elles-mêmes.

Psaumes de pénitence, d'anxieux appel, de pressante supplication : — Seigneur, ayez pitié de nous selon votre grande miséricorde (*Ps.* 50).... Seigneur, sauvez-nous par la force de votre nom sacré. (*Ps.* 53).... Pitié, Seigneur, pitié pour nous, car notre âme se confie en vous. (*Ps.* 56)... Soyez bon et miséricordieux et bénissez-nous. (*Ps.* 66).... Seigneur, venez à notre aide, hâtez-vous de nous secourir. (*Ps.* 69).... Seigneur, inclinez vers nous votre oreille et exaucez-nous, car nous sommes pauvres, sans secours, opprimés par la tribulation. (*Ps.* 85.)

Psaumes de louanges, qui déjà sont comme des sonneries dans la bouche des prêtres avant de passer par la voix des cloches : — Que mon âme loue le Seigneur. Je louerai Dieu toute ma vie, je chanterai sa gloire tant que j'existerai (*Ps.* 145). Louez le Seigneur du haut des cieux, louez-le sur les hauteurs. Anges, astres, soleil, lune, étoiles du firmament, louez le Seigneur. Cieux des cieux, eaux suspendues sur nos têtes, louez le Seigneur. Êtres, qui peuplez la terre, dragons et abîmes, feu, grêle, neige, glace, souffle des tempêtes, louez le Seigneur. Montagnes et collines, arbres chargés de fruits, cèdres immenses, louez le Seigneur. Bêtes et troupeaux, reptiles et oiseaux, louez le Seigneur. Rois de la terre, peuples, princes, juges du monde, louez le Seigneur. Jeunes gens et vierges, vieillards et enfants, louez le Seigneur ! louez le Seigneur !

Psaumes d'impérieuse convocation : Venez, fils de Dieu, apportez vos présents au Seigneur.... Apportez-lui des victimes, apportez-lui gloire et honneur.... Adorez le Seigneur dans son temple saint. (*Ps.* 28).

Psaumes de solennelle conjuration : Les grandes eaux vous ont vu, ô Dieu, elles vous ont vu et elles ont tremblé, les abîmes se sont troublés devant vous. (*Ps.* 76.)

Et avec ces psaumes de magnifiques oraisons qui rappellent aux cloches leur office, à Dieu ses promesses et aux hommes leurs devoirs.

La bénédiction terminée on revêt les cloches d'une robe blanche, on les couvre de fleurs. Elles sont belles et parées comme des épouses, car elles n'appartiennent plus à la terre d'où on les a tirées, elles vont monter vers le ciel et demeurer suspendues entre Dieu et son peuple dont elles viennent d'épouser les intérêts.

J'ai tout dit; Monseigneur, il est temps : étendez vos mains, parlez au nom de Dieu; bénissez cette fille de la terre qui vous attend, et qui deviendra bientôt, je l'espère, une joyeuse et glorieuse fille de l'air.

Et toi, Françoise-Marguerite du Sacré-Cœur de Jésus, à travers les murs de cette basilique nationale dont tu seras la voix, écoute-moi. La catholique province, que tu dois représenter ici, a voulu que tu fusses grande et belle, afin de parler noblement, au nom du Dieu miséricordieux qui veut faire entendre du haut de cette colline les appels de son divin Cœur, au nom de la France pénitente et dévouée qui vient lui demander pardon, grâce et protection.

Immense bijou enrichi de dentelles, tout le monde admire la grandeur de tes proportions, la correction de tes lignes, la pureté de ta forme, la grâce de tes contours. Il y a par le monde des géants sonores qui peuvent te surpasser par leur masse et leur ampleur, mais aucun n'égale ta beauté, ni les harmonieuses modulations de ta grande voix dans laquelle l'oreille attentive peut entendre tout un concert autour de ta note grave et normale.

Le peuple de Paris a salué ton arrivée par des applaudissements et des cris d'allégresse; nous te recevons aujourd'hui avec une joyeuse reconnaissance des mains de ton illustre parrain et de ta glorieuse marraine; l'un premier pasteur d'une Eglise qu'il édifie par ses vertus et qu'il charme par les aimables qualités de son cœur; l'autre, fille si distinguée d'une noble et bienfaisante famille qui compte dans sa parenté les époux vierges que l'Eglise honore du culte des saints : Elzéar et Delphine, anciens dévots du Sacré-Cœur, dont l'aimable saint François de Sales écrivait : « Elzéar, comte d'Arian en Provence, ayant esté longuement absent de sa dévote et chaste Delphine, elle luy envoya un homme exprès pour sçavoir de sa santé, et il lui fit réponse : je me porte fort bien, ma chère femme; que si vous me voulez voir, cherchez-moi en la plaie du côté de notre doux Jésus, car c'est là où j'habite, et où me trouverez : ailleurs vous me chercherez pour néant. » — Tous deux, parrain et marraine, représentants des zélés promoteurs de la souscription savoisienne et du peuple généreux qui répondit à leur appel par des largesses inespérées.

Enfant de ces largesses, Françoise-Marguerite, l'Église va te bénir et tu vas chanter. En attendant que les Anges t'emportent dans le palais aérien qu'on te prépare, qu'ils accompagnent aujourd'hui de leur vol et de leurs chants tes majestueux mouvements et tes harmonieux concerts.

Sonne pour le Roi des rois et pour son divin Cœur ; sonne pour la France qui veut se consacrer à lui.

Sonne pour le Roi des rois, et que ta voix puissante et magnifique comme la sienne appelle en son temple tous ceux qu'il veut pardonner et bénir.

Sonne pour le Roi des rois, et que ta voix brise les cèdres altiers, les esprits superbes, qui refusent à leur maître, à leur Sauveur, l'hommage d'une vie que Dieu lui a donnée et qu'il a rachetée au prix de son sang.

Sonne pour le Roi des rois et que ta voix ébranle le désert, les âmes vides d'où la religion s'est enfuie, les cœurs désolés où la vertu est morte.

Sonne pour le Roi des rois, et que ta voix, en proclamant sa justice et sa miséricorde, hâte l'enfantement des humbles repentirs et des généreuses résolutions.

Sonne pour le Roi des rois, et que ta voix dissipe partout les ombres de l'erreur et du crime.

Sonne aussi pour la France. Rappelle-lui qu'elle est la fille chérie du Sacré-Cœur, qui attend sur la sainte colline la foule de ses pèlerins. Sois l'interprète de ses prières, de ses gémissements, de ses alarmes, de son deuil, de ses espérances, de ses joies, de ses triomphes, de ses actions de grâce, et dis-lui que le roi Jésus « veut donner la force à son peuple et le bénir dans la paix : *Dominus virtutem populo suo dabit; Dominus benedicet populo suo in pace.*

Sonne, sonne, sonne en honneur, pour tous les saints, les nobles personnages, les provinces, les villes de Savoie dont les images, les armes, les noms sont moulés et gravés sur tes flancs.

Sonne, sonne, sonne en merci! En merci, pour l'Éminent et bien-aimé prélat qui te bénit; en merci, pour le vénérable et cher mort qui a posé la première pierre de ce temple, et qui, du haut du ciel, sourit à son achèvement; en merci, pour ceux qui te patronnent; en merci pour le peuple de Savoie dont tu es le magnifique cadeau; en merci, pour celui qui t'a faite si belle : roi des bourdons, proclame la gloire du roi des fondeurs.

Sonne en appel, sonne en honneur, sonne en merci! Sonne et redis, à travers les siècles, du haut de la sainte colline, à la ville, à la nation, au monde entier :

Vivat Jesus!

Vive Jésus!

DISCOURS

PRONONCÉ

PAR M. LE CHANOINE BRETTES

LE 20 NOVEMBRE 1895

Quelle émotion, grand Dieu, soulève mon âme, en ce moment solennel!... Que sera-ce donc tout à l'heure, quand nous entendrons la première envolée de la cloche du Sacré-Cœur!... Quel spectacle superbe!... Et quelles espérances pour l'avenir planent aujourd'hui sur Montmartre!...

Le Cœur de Jésus et celui de la France se sont donné rendez-vous, et se rencontrent sur cette colline. Ce sont toujours deux cœurs, mais l'amour les a confondus; ils n'en font plus qu'un seul. Voilà pourquoi il n'y a qu'une cloche à l'église du Sacré-Cœur. L'amour du cœur de la France est le plus grand qui soit sur terre; celui du Cœur de Jésus est le plus grand qui soit au ciel; voilà pourquoi la voix de cette cloche est si belle : c'est la plus belle qui soit en Occident.

Ce que je vous dis à l'oreille, prêchez-le sur les toits, a dit Jésus à ses apôtres, en leur donnant mission d'aller convertir le monde. Te voilà sacrée maintenant de la consécration des prêtres, et revêtue du rochet de dentelle qu'ils portent pour annoncer la parole de Dieu. Élève donc la voix, du haut de cette chaire qui est la montagne des Martyrs. Ce que Jésus a dit à Marguerite-Marie dans le mystère du cloître, prêche-le désormais par dessus les toits de Paris.

Pourquoi, par dessus les toits?... Parce que, entre le ciel et la terre, c'est la place qui convient à un médiateur qui négocie entre les hommes et Dieu.

Ta voix, en effet, cloche sainte, est celle du cœur de la France; parle donc, pour elle, au Cœur de Jésus; ta voix est celle du Cœur de Jésus, parle donc, de sa part, au cœur de la France.

I

France, à genoux!... tu vas parler à Dieu. Airain sacré, résonne!... Et vous, nations, écoutez! La France fait sa prière au Seigneur :

Credo!... Peuples, l'entendez-vous?...

La cloche du Vœu National proclame, avant toutes choses, l'intensité de la foi française; et sa voix, dominant l'ouragan qui ravage la fin de ce siècle, entonne en ce moment le *Credo* catholique que chantera le siècle futur.

Je sais bien que la foi de la France subit, à cette heure, de terribles assauts. Mais trente millions, offerts spontanément par la piété chrétienne, en ce temps où sévissent sur le peuple entier les rigueurs de la pauvreté, où les riches eux-mêmes subissent la gêne, où la misère des travailleurs a fait poser la question sociale, quelle éloquente protestation contre l'impiété!

Ah! quelle somme énorme, quel immense trésor de foi, vous constituez, ô murailles de la Basilique! Vous êtes la fortune de la France. Elle est colossale vraiment! Les efforts conjurés de l'enfer et du monde ne sauraient la ruiner.

Ses ennemis croient en avoir raison, et la traitent en *libre-penseuse.* Comme ils se trompent, les insensés!... Ils ne savent donc pas combien il est difficile d'arracher la foi de l'âme d'un peuple?... Il faut de longs siècles pour cela. D'autres nations l'ont perdue. Mais ces nations n'étaient pas la France. Il n'y en a pas une, dans tout l'univers, qui eût été capable de bâtir une église du Sacré-Cœur de Montmartre.

Sans doute, il a fallu traverser d'épaisses couches d'argile, pour retrouver le vieux roc de la foi française et renouer la chaîne de nos traditions nationales. Mais, c'est fait! Le monument que vous avez sous les yeux est appuyé sur le roc de granit, par d'immenses pilotis de granit. De la base au sommet, il est tout entier de granit, comme l'éternelle foi de la France.

Chante donc le *Credo*, par dessus les toits de la Ville-Lumière, cloche du Sacré-Cœur. Le *Credo*, c'est le symbole de la Foi catholique, la vraie formule de l'idée française, l'hymne national de la France.

Après le *Credo*, chante le *Confiteor* de la France.

Quiconque croit sincèrement doit confesser ses péchés; et celui-là refuse le pardon, qui refuse la confession.

Au frontispice de la Basilique, sera gravée, sur le granit de sa foi, la confession de la France : *Gallia pœnitens, la France pénitente!* Quel titre superbe, pour un monument expiatoire! Quelle gloire, pour le coupable qui se relève, après sa pénitence, plus grand qu'avant son péché!

Ah! je le sais bien, les ennemis de la foi française se révoltent surtout contre la pénitence française. Ils s'indignent de voir accoler ces deux mots: *Gallia... pœnitens*, de voir unir ces deux idées : France et pénitence.

Qu'importe! ils ne sont pas la France, ces orgueilleux!

Ainsi le veut la France, et ainsi sera fait. Elle a le sentiment plus exact de la véritable grandeur.

L'orgueil, après le péché, c'est le propre du démon; il n'efface jamais la honte, mais l'aggrave au contraire, et règle tout en enfer.

L'humiliation, la pénitence, est la caractéristique du Christ. Elle seule rend la gloire perdue, et la fait encore plus belle. Elle seule ouvre les portes du Ciel.

O pierres de la Basilique, dites-nous combien vous représentez d'oboles prélevées sur le nécessaire des humbles et des petits; comment vous avez été gagnées par le travail, économisées par la privation et données par l'amour au Cœur de Jésus.

Oh! quelle somme de mérite, quel trésor de pénitence, quelle fortune d'expiations sont accumulés dans cette Basilique!

Chante donc le *Confiteor* de la France; que ton marteau frappe le *mea culpa* sur son cœur, ô cloche du Vœu national. Les nations, plus coupables encore que toi, te voyant à genoux, seront attendries jusqu'aux larmes, et à leur tour céderont au remords; et Dieu, retrouvant dans la conversion de la France encore plus de gloire divine qu'elle ne lui en donnait autrefois, lui rendra à son tour plus de gloire nationale qu'elle n'en eut jamais.

Chante enfin, cloche du Sacré-Cœur, chante, oh ! chante surtout le *Pater noster* de la France.

Les ennemis de la France et de Dieu n'avaient qu'un but : supprimer la prière, rompre les aqueducs qui permettaient, aux âmes brûlées par le feu de la terre, de se rafraîchir aux sources vives du Ciel.

Ils ont tenté d'éteindre la prière, sur les lèvres des petits enfants dans l'école, et des agonisants dans l'hôpital ; et ils ont espéré que la France cesserait de prier comme d'expier et de croire.

Oh ! pierres de la Basilique, dites-nous au contraire les prières ardentes, les supplications attendries que vous ont confiées, en vous offrant au Sanctuaire, vos généreux donateurs ; dites-nous les actes héroïques de confiance en la Providence divine dont vous êtes témoins tous les jours, les soupirs embrasés que vous recevez à toute heure !

Voilà des siècles, soyez-en sûrs, que la France n'a pas prié avec autant d'enthousiasme qu'elle le fait maintenant.

Cloche bénite, voix authentique de la Patrie, organe officiel du Vœu national, sonne donc à toute volée le *Pater* de la France, et va le déposer, sur l'aile de tes chants, au pied du trône de Dieu.

Credo, Confiteor, Pater noster, tel est le triple cri qui part du cœur de la France et que la *Savoyarde* va porter chaque jour au Cœur de Jésus.

La *Savoyarde*, c'est son vrai nom, et je le répète à dessein.

Ce n'est pas, Monseigneur, celui que Votre Grandeur a choisi ; ce n'est pas non plus, Madame la comtesse, celui que votre piété lui a donné. C'est celui que lui a spontanément octroyé la reconnaissance de la France catholique envers la catholique Savoie ; et c'est, soyez-en fiers, Savoyards, celui qu'elle gardera dans l'histoire.

II

France, debout ! comme pour l'Évangile ! Dieu va parler, silence ! Airain sacré, résonne. Et vous, nations, écoutez ce que, par la cloche du Sacré-Cœur, Dieu va dire à la France.

Un jour, à la Malmaison, Bonaparte tenant conseil, entendit sonner la cloche de Rueil. Il ouvrit la fenêtre, demanda le silence, écouta longtemps, et, s'adressant à M. de Bourienne, lui dit : « Le son de la cloche m'émeut toujours profondément. Il me rappelle mes jeunes années de Brienne. J'étais heureux alors!... » Parisiens, quand vous entendrez sonner la *Savoyarde*, ouvrez la fenêtre ; faites silence ; écoutez! c'est Dieu qui parle à la France.

1° La voix de la cloche du Sacré-Cœur, c'est la voix de la Religion, qui retentit au Thabor.

« Celui-ci est mon fils bien-aimé, en qui j'ai mis toutes mes complaisances. Écoutez-le, » a dit Dieu le Père, en parlant de son fils Jésus.

Que dit-il donc, Jésus? Que faut-il écouter?

Officiellement interrogé, par l'autorité religieuse et par l'autorité civile de son pays, il dit : « Je suis le Fils de Dieu... Je suis Roi. — *Tu dixisti, ego sum.* » « Je suis la vérité : *Ego sum veritas.* »

Jésus est le Fils de Dieu, Il est Roi, Il est la Vérité dit la cloche du Sacré-Cœur, dans son divin langage : *Ipsum audite :* écoutez-le, écoutez-le.

Prêtres, avant de parler au peuple en son nom, écoutez-le! Gouvernants, qui avez charge d'âmes pour conduire, à leur véritable destinée, ceux qui vous sont confiés, écoutez-le! Savants, qui voulez atteindre la vérité, dans vos laborieuses études, écoutez-le! Écrivains, journalistes, dont la parole va au loin frapper des intelligences et remuer des cœurs, écoutez-le! Professeurs, qui avez reçu mission de former l'âme des enfants à son image et ressemblance, oh! vous surtout, écoutez-le! La vérité du Seigneur demeure éternellement : *Veritas Domini manet in æternum.*

2° La voix de la cloche du Sacré-Cœur, c'est la voix de la Justice qui retentit aux Oliviers.

Elle est terrible, devant la Justice outragée, comme la voix de Jésus pleurant sur Jérusalem et prophétisant sa ruine. — O Paris, entends-tu?...

Elle est désolée, devant la Justice méprisée, comme la voix de Jésus se plaignant de trouver, le soir du Vendredi Saint, tous ses apôtres endormis. — O indifférent, entends-tu?...

Elle est angoissée, devant la Justice vengée, comme la voix de Jésus acceptant le calice et disant à son Père : « Que votre volonté soit faite et non la mienne : *Non mea voluntas sed tua fiat.* » O fidèles amis de Jésus, dites, entendez-vous?...

Qui que vous soyez donc, ô vous qui entendrez sonner la cloche du Sacré-Cœur, reconnaissez la voix de Dieu; c'est à vous qu'elle parle, et son puissant marteau frappe des noms terribles :

Cupide, qui sacrifies ta conscience à l'argent, écoute, la cloche te dit : Judas!...

Sectaire, qui poursuis de ta haine le nom de Jésus-Christ, écoute :... Caïphe!...

Magistrat, qui, pour garder l'amitié de César ou seulement par faiblesse, épargnes le coupable et frappes l'innocent : ... Pilate !...

Puissant du monde, qui traites avec une légèreté criminelle les choses de la religion : ... Hérode!...

Lâche, parjure, qui oublies les serments faits autrefois à Jésus-Christ, et que la voix d'une femme suffit à pervertir : ... Simon-Pierre !...

Vous tous, qui violez la Justice, écoutez : « Rendez à César ce qui est à César, et à Dieu ce qui est à Dieu. »

Vous tous, enfin, tristes victimes de l'injustice humaine, ayez confiance. Il est victime, lui aussi; mais il est le Juste Juge. Il jugera les Justices, et sa Justice prévaut dans les siècles des siècles : « *Et Justitia ejus manet in sæculum sæculi.* »

3° La voix de la cloche du Sacré-Cœur, c'est la voix de l'amour, qui retentit au Calvaire.

Oui, Montmartre, au-dessus de Paris, est, comme le Calvaire au-dessus de Jérusalem, la montagne de l'amour; puisqu'il est, au même titre que lui, la montagne du Sacré-Cœur.

Écoutez donc, vous tous qui passez, et dont le cœur est meurtri par l'épreuve : « Voyez s'il est une douleur semblable à sa douleur. »

« Venez, vous tous qui souffrez et êtes dans la peine, son cœur vous consolera. »

Criminels, écoutez; la cloche du Sacré-Cœur répète : « Mon Père, pardonnez-leur; car ils ne savent ce qu'ils font. »

Pénitents, écoutez : « Aujourd'hui tu seras avec moi dans le Paradis. »

Femmes chrétiennes, jeunes filles, pieuses enfants de Marie, écoutez : « Voilà votre Mère! »

Pauvres, écoutez : « Oh! j'ai soif! »

Agonisants, écoutez : « Tout est consommé! »

Désespérés, écoutez : « Mon Dieu, mon Dieu, pourquoi m'avez-vous abandonné? »

Héros et martyrs, écoutez : « Mon Père, je remets mon âme entre vos mains. »

Qui donc ne trouve pas, à Montmartre, la patience et la force?... Quel cœur ulcéré peut entendre la cloche de Montmartre, sans être consolé par l'amour de Jésus?

4° La voix de la cloche du Sacré-Cœur, c'est la voix de la liberté, qui retentit sur la montagne de l'Ascension.

Le triste siècle qui finit appelle la liberté, comme on appelle avec des cris désespérés, une personne qu'on a perdue dans une nuit obscure. Il la demande à tous les échos; personne ne lui répond.

Où donc est-elle, la liberté ?...

Elle est dans la victoire sur les passions du cœur, sur la chair, sur la mort. Seul, Jésus en est le Père et le Roi. Elle a commencé à la Résurrection, elle a été consommée à l'Ascension. Essayez donc d'arrêter Jésus, sortant du sépulcre ou montant au ciel?...

O France, souviens-toi! Le Sacré-Cœur de Montmartre, voilà l'unique et authentique foyer de toutes les libertés!

5° La voix du Sacré-Cœur, c'est enfin la voix de l'Apostolat, qui retentit à Sion, le jour de la Pentecôte.

Quand Jésus eût envoyé le Saint-Esprit aux apôtres, Pierre, ouvrit les portes du Cénacle, prêcha à la foule Jésus crucifié, et bientôt envoya ses frères le prêcher comme lui, à tout l'univers.

De tous les temps, Dieu a mis au cœur de la France le zèle de l'Apostolat. A cette heure plus que jamais, le cœur de Jésus l'embrase de son amour et enflamme son prosélytisme.

Soldats, prêtres et religieuses de France, écoutez donc la cloche de Montmartre.

Entendez-vous ce grand bruit, pareil à l'ouragan qui retentit au-dessus du cénacle? C'est le Saint-Esprit, ou l'amour de Jésus, qui vient du ciel sur nos têtes. Ouvrez tout grand votre cœur; puis partez pour les lointaines plages, et portez à tout l'univers le drapeau de la France et l'amour de Jésus.

Et maintenant, cloche sacrée, commence, entre le cœur de la France et le Cœur de Jésus, cette émouvante conversation, que la terre et le ciel attendent depuis deux siècles, et qui ne doit plus finir jamais.

L'heure présente est une des plus solennelles de l'histoire du monde.

Oh! sonne donc, cloche sacrée; sonne à toute volée; et, sur les ailes de tes chants, porte au cœur de Jésus le « *Credo*, le *Confiteor*, le *Pater* » que lui envoie le cœur de la France. Puis, rapporte aussitôt au cœur de la France la *religion*, la *justice*, l'*amour*, la *liberté*, le *zèle*, dont veut l'embraser le cœur de Jésus.

Et toi, marteau terrible, admirable symbole de la persécution qui frappe l'Église et la France, frappe de toutes tes forces, l'airain sacré de la cloche. Plus terribles seront tes coups, plus sonores seront ses chants, et plus ils iront loin, jusqu'aux confins du monde, plus ils monteront haut, jusqu'au trône de Dieu.

Cloche française, annonce au ciel le retour de la France au cœur de Jésus. Cloche divine, annonce à la terre le retour du Cœur de Jésus au cœur de la France.

Que la France glorifie Dieu jusqu'à la fin des siècles; et que Dieu bénisse la France avec Messeigneurs les évêques.

DISCOURS

PRONONCÉ

DANS LA BASILIQUE DE MONTMARTRE

A PARIS

LE DIMANCHE 24 NOVEMBRE 1895[1]

PAR

LE CHANOINE A. PILLET

PRÊTRE DU DIOCÈSE DE CHAMBÉRY

PROFESSEUR A L'UNIVERSITÉ CATHOLIQUE

DE LILLE

De medio petrarum dabunt voces.
Ils lui donneront des voix venues
du milieu des montagnes.
(*Ps.* CIII, 12.)

MESSEIGNEURS[2],

MES FRÈRES,

Dieu qui a créé toute chose pour sa gloire, veut faire servir à ce but, même la nature inanimée. Selon son désir, les pierres s'élèvent sur cette colline prédestinée de Montmartre, empourprée et fécondée

1. Le mercredi, 20 novembre 1895, fut solennellement baptisée la cloche offerte au sanctuaire de Montmartre par les fidèles de la Savoie. Pour satisfaire à la piété des habitants de Paris, et en particulier de ceux qui sont originaires de la Savoie, on célébra, le dimanche suivant, une seconde fête. C'est à cette occasion que fut prononcé ce discours.

2. S. G. Mgr Hautin, archevêque de Chambéry, qui fut le parrain de la cloche et qui, au nom de S. E. le cardinal, archevêque de Paris, présidait à la seconde cérémonie, et Mgr Hugonin, évêque de Bayeux.

par le sang des martyrs. Mais ces pierres ne peuvent pas rester muettes; elles doivent réaliser la parole de l'Évangile : *Lapides clamabunt* [1]. Aussi Dieu a dit : donnez-leur des voix : *dabunt voces*, et cet appel venu d'en haut a été entendu. Il l'a été d'abord ici même par un humble religieux, gardien de ce sanctuaire [2] : les relations presque fraternelles qui nous unissent depuis de longues années m'interdisent de parler de lui plus longtemps. Cet appel de Dieu a été entendu ensuite par un prélat dont vous êtes, monseigneur l'archevêque de Chambéry, le digne successeur, qui maintenant a ouvert les yeux aux clartés éternelles, et qui du haut du ciel, nous contemple et nous bénit [3]. Cet appel a été entendu enfin par le peuple de la Savoie tout entière. Des vallées les plus reculées de nos Alpes jusqu'aux rives enchantées du Léman, les pauvres et les riches ont donné leur obole ou leur or, pour que le désir de Dieu fut satisfait.

Et puis, sur cette terre de Savoie que la main du Créateur a faite si belle, non loin des rivages de ce lac d'Annecy tout embaumé encore du souvenir de saint François de Sales, au milieu de nos pittoresques montagnes, un jour, un ruisseau de feu a coulé. Guidé par des mains aussi pieuses qu'intelligentes [4], il a suivi le sillon qui lui était tracé, et de notre terre généreuse, la cloche gigantesque est sortie toute parée, toute prête à remplir l'office qui lui est destiné. Au temple du Sacré-Cœur, elle donnera des voix; elle l'animera par les battements de sa poitrine de bronze. *De medio petrarum dabunt voces.*

Qu'elles seront éloquentes ces harmonies sorties du bourdon national! Élevé ici au-dessus de la grande ville, il enverra ses vibrations sonores, à la fois, en haut vers le ciel, et en bas, vers le sol français. A Dieu il portera les prières et les supplications du peuple chrétien. A la France, à la grande cité parisienne, il rapportera les enseignements célestes.

1. Luc, XIX, 40.

2. Le R. P. Charles Besson, oblat de Marie Immaculée, originaire de Grésy-sur-Aix en Savoie.

3. S. G. Mgr François de Sales Albert Leuilleux, archevêque de Chambéry, mort en 1893, après avoir supporté pendant plusieurs années, avec la plus édifiante énergie, la douloureuse épreuve de la cécité.

4. La cloche a été fondue à Annecy-le-Vieux (Haute-Savoie) par les frères Paccard.

O cloche de Montmartre, consacrée maintenant et pour toujours par la main des pontifes de la sainte Église, voilà comment je comprends ton langage, et comment je voudrais que ton langage fût compris.

I

Elle est puissante la voix d'un peuple. Elle est grandiose lorsqu'elle s'élève unanime pour saluer un vainqueur ou pour acclamer un grand homme. Elle est terrible lorsque, semblable à l'ouragan dans un jour de tempête, elle brise un trône ou bouleverse une nation. Alors, cette voix suffit pour déchaîner les révolutions, pour faire couler le sang à torrents, pour dresser les barricades et les échafauds. Nous n'avons qu'à regarder autour de nous pour constater combien est grande, à certains jours, l'énergie de la parole du peuple irrité.

Mais il y a une force plus puissante encore, parce que c'est une force surnaturelle. C'est la parole du peuple chrétien quand il prie avec humilité et confiance, car alors, selon la promesse de l'Écriture, sa prière s'élèvera jusqu'au ciel : *oratio humiliantis se penetrabit nubes* [1].

Cette parole populaire qui monte ainsi portée par la main des anges au-dessus des ténèbres et des obscurités de la terre, c'est la prière qui sort des lèvres et des cœurs de la multitude fidèle, et à laquelle Dieu lui-même se montre obéissant et compatissant toujours. Cette voix du peuple chrétien, c'est celle que murmure la pauvre femme égrénant son rosaire au pied du Tabernacle, ou la jeune fille qui demande au Seigneur les secrets de son avenir; c'est l'accent plaintif du malade ou du vieillard sur son lit de douleur; c'est le chant du lévite redisant les hymnes sacrées; c'est la voix du prêtre prononçant les sublimes paroles qui sanctifient et qui consolent. Cette voix du peuple chrétien, c'est encore celle de nos saints qui ont vécu sur notre terre natale, qui pendant leur séjour ici-bas, ont prié, ont évangélisé, ont accompli l'œuvre de Dieu, et qui maintenant du haut des parvis éternels, jettent sur nous un fraternel regard, unissent leur prière à notre prière, afin que, d'une voix unanime, nous

1. *Eccli.*, xxxv, 12.

glorifiions Dieu qui est le Roi des rois et le Dominateur des dominateurs.

Mais pour faire connaître à tous, pour symboliser cette merveilleuse communion des saints, qui nous donne un seul cœur, une seule âme et un seul langage, il fallait une harmonie puissante et sonore, qui s'élevât de la terre vers le ciel pour suppléer à la faiblesse de nos poitrines, pour se faire entendre plus haut et plus loin, et pour porter jusqu'à Dieu les accents de notre foi et les supplications de notre humilité.

C'est pour cela que l'Église a voulu qu'une cloche fut suspendue au-dessus de chaque sanctuaire, entre le ciel et la terre, afin que sa voix d'airain parlât de nous au Dieu qui habite et règne dans le ciel. Toujours elle sera là pour remplir ses multiples fonctions, avec un langage approprié aux diverses circonstances de la vie. Au jour d'un baptême, elle enverra ses notes joyeuses et légères, comme chante en souriant une mère penchée sur un berceau. Aux heures de deuil, elle émettra des sons lugubres, comme pour répéter dans les airs les funèbres accents de la liturgie des morts. Au moment le plus redoutable du sacrifice eucharistique, elle tintera lentement pour exprimer l'adoration des fidèles, et, à la veille de nos fêtes, elle lancera au loin ses volées solennelles, pour exprimer l'allégresse de la multitude chrétienne.

Voilà, n'est-il pas vrai, le langage de nos cloches paroissiales, de celles qui, là-bas, au fond de nos vallées ou bien au penchant de nos vertes collines, ont chanté sur nos berceaux, ont gémi sur le cercueil de ceux que nous avons aimé. Plus d'une fois sans doute, lorsque les destinées de la vie nous ont éloignés de la terre natale où nous avons laissé une bonne part de notre cœur, ce simple souvenir a suffi pour nous faire tressaillir, en reportant notre pensée au sanctuaire toujours aimé de notre baptême et de notre première communion.

Mais de même qu'il y a dans un pays des édifices nationaux, ainsi nous avons des temples, qui ne sont pas seulement paroissiaux ou diocésains, mais qui ont un caractère plus élevé encore.

Enfants de la Savoie, qui m'écoutez ici, est-ce que vous ne connaissez pas tous quelques-uns de ces sanctuaires vénérés et chéris, où nous avons prié tout enfants, où la supplication s'élève avec plus de confiance et de ferveur, où les grâces célestes se répandent avec plus de profusion? Est-ce que les noms de Notre-Dame de Myans [1], de Notre-Dame du Charmaix [2], de Notre-Dame de l'Aumône [3], de Notre-Dame de Liesse [4], pour n'en citer que quelques-uns, n'emportent pas votre cœur vers ces endroits bénis où la vierge Marie se plaît à recevoir les hommages de ses enfants de la Savoie? La France tout entière ne s'émeut-elle pas aux chants des pèlerins qui se dirigent en foule vers ces autels privilégiés, témoins de tant de prières et de tant de miracles? Aussi, lorsque retentit la cloche d'une de ces églises, sa voix a une signification toute particulière. Elle porte dans les airs les accents d'une prière plus puissante, parce que c'est la prière de plusieurs, assemblés au nom de Notre-Seigneur, prière à laquelle l'Évangile a promis une énergie plus grande et une action plus efficace sur le cœur de notre Dieu.

Ici, mes frères, sur cette colline de Montmartre, regardez ce monument qui s'élève, faisant pénétrer jusqu'aux entrailles de la terre, ses fondements inébranlables. Voyez ces dômes grandioses, ces cryptes obscures et solennelles, ces nefs immenses. Cet édifice sacré n'est pas seulement une église paroissiale ou cathédrale, c'est plus que cela encore, c'est une Basilique Nationale. C'est la France tout entière qui a contribué à l'édifier sur cette colline aux grands souvenirs. C'est la fille aînée de l'Église, la bien-aimée du Cœur de Jésus, qui a remué ces pierres, élevé ces piliers, jeté en l'air ces dômes majestueux, afin d'offrir à son Rédempteur le témoignage de son repentir pour le passé, de sa dévotion dans le présent et dans l'avenir. Et, comme la cloche d'un sanctuaire participe toujours au caractère et à la dignité de l'édifice, dont il est l'organe sonore et éloquent, ô bourdon de Montmartre, ta voix sera celle de la nation elle-même. Tes notes harmonieuses répéteront la prière du peuple de Clovis, de Charlemagne et de saint Louis, de saint Remy et de saint Vincent de Paul, du peuple qui a reçu la mission de faire ici-

1. Aux environs de Chambéry, tout près de la voie ferrée qui conduit en Italie.

2. Ce sanctuaire est situé dans le diocèse de Maurienne, sur les flancs de la montagne que traverse le grand tunnel des Alpes.

3. Près de la ville de Rumilly.

4. Dans la ville même d'Annecy. C'est dans cette église que saint François de Sales fut consacré à Dieu par sa mère, avant sa naissance.

bas les œuvres de Dieu par ses prêtres, par ses religieux, par ses missionnaires et par ses soldats. Sois donc prêt pour remplir ton office et pour te faire entendre au loin dans nos solennités nationales. Bientôt, tu sonneras pour célébrer l'anniversaire du jour où la France fut baptisée, quand l'eau sainte coula à Reims sur le front de Clovis. Bientôt, nous l'espérons, tu vibreras, plus joyeuse que jamais, lorsque nous fêterons l'inscription sur la liste des Bienheureux de notre incomparable Jeanne d'Arc et la canonisation de notre angélique Marguerite-Marie. Quand tu enverras sur la grande ville et sur la France les ondulations majestueuses de tes harmonies grandioses, tu rediras : *Vivat Jesus!* Vive Jésus! Vive le Christ qui aime les Francs et qui les aimera toujours[1]!

Mais par une singulière permission de la Providence, ô cloche de Montmartre, ô Françoise-Marguerite du Sacré-Cœur, tu parleras encore au nom d'un autre peuple, au nom de la Savoie. Oui, dans les limites de la France, il y a un peuple qui a donné pour toi son épargne et son or, qui te considère comme une de ses grandes œuvres, qui est fière de toi et qui tressaille à ton nom. Lui aussi, il a son histoire et ses héroïques traditions. Plus d'une fois déjà, il a parlé à la France et il s'en est fait écouter. C'était un des siens, notre grand et doux François de Sales qui venait prêcher à Paris avec « sa rhétorique d'Annecy, ou plutôt du paradis[2], » et qui a laissé dans cette ville des traces toujours vivantes de son passage[3]. Il est né aux pieds de nos montagnes, cet écrivain à la puissante parole[4], qui, à la France de Louis XIV et de Bossuet, a parlé *du Pape*, trop longtemps méconnu, du Pape dont la main vigilante et sûre est seule capable de guider notre navire au milieu des écueils.

1. L'inscription gravée sur la cloche de Montmartre se termine par ces mots : *Urbi, genti, orbi universo, e sacro vertice, ingeminaturam per sæcula : Vivat Jesus!*

2. Paroles de Mgr Le Camus, évêque de Belley, grand ami de saint François de Sales.

3. La chapelle des Religieuses de saint Thomas de Villeneuve, à la rue de Sèvres, conserve la statue de la Vierge, autrefois vénérée dans l'église de Notre-Dame des Grès, au pied de laquelle saint François de Sales, alors étudiant au collège de Clermont, fut délivré d'une terrible tentation de désespoir.

4. Joseph de Maistre.

Tu seras donc aussi l'interprète du peuple de notre Savoie, ô cloche colossale. Lorsqu'on ébranlera ta masse gigantesque[1], lorsque ta voix aussi forte que mélodieuse se fera entendre au loin, en même temps vibreront avec toi les images de nos saints[2], les écussons et les armes de nos évêques et de nos plus grands chrétiens, et en même temps, notre vieille croix blanche[3].

Oui, *notre* Croix blanche : celle que nos aïeux portaient aux Croisades, guidés par les fils du vieil Humbert aux Blanches Mains[4] : celle qui brilla sur tant de champs de bataille de l'Orient et de l'Occident, celle qui décore à Hautecombe les cercueils de nos souverains, et les reliquaires de nos Bienheureux[5] ; celle enfin que nous avons abritée — pour toujours — à l'ombre du drapeau de la France.

II

Mais nos cloches catholiques ne sont pas faites seulement pour porter dans le ciel les prières des hommes et des peuples, elles apportent aussi à la terre les appels et les enseignements de Dieu.

Bien des fois, Dieu a parlé à l'humanité sortie de ses mains toutes-puissantes. Dans l'immensité du firmament et dans les plus secrets replis de la nature terrestre, la création n'est-elle pas une voix incessante, qui redit, dans une psalmodie sans fin, le nom et la

1. Le poids de la cloche seule est de 18.835 kilos, ce qui fait avec le battant et les autres accessoires, un poids total de 26.215 kilos. Elle mesure 3 m. 06 de hauteur et 3 m. 04 de diamètre.

2. La cloche porte gravées sur son pourtour les images des saints qui appartiennent par leur naissance à la province de Savoie. Ce sont : Saint François de Sales, saint Anselme, docteur de l'Eglise et archevêque de Cantorbéry, saint Bernard de Menthon, saint Anthelme de Chignin, évêque de Belley, et saint Pierre de Tarentaise.

3. Les armoiries de la Savoie sont : de gueules à la croix d'argent.

4. Le premier comte de Savoie.

5. L'abbaye cistercienne d'Hautecombe, sur les bords du lac du Bourget, garde les tombes d'un grand nombre de princes de la maison de Savoie. Trois d'entre eux sont inscrits au martyrologe : ce sont : saint Humbert III, un des premiers comtes de Savoie, le Bienheureux Amédée IX, un des premiers ducs, et saint Boniface, archevêque de Cantorbéry, qui appartenait à cette même famille souveraine.

gloire du Créateur? Mais afin de manifester son amour pour l'homme, Dieu lui a parlé bien des fois. Il l'a fait sous les ombrages de l'Eden et sous la tente des patriarches. Il l'a fait plus solennellement que jamais sur le sommet du Sinaï, s'adressant à son peuple d'élection. Ses enseignements et ses préceptes n'ont jamais été abrogés et ils ne le seront jamais, et si maintenant encore l'humanité veut marcher dans la voie du véritable progrès, il faut qu'elle mette en pratique le programme sublime formulé dans le *Décalogue*.

Mais l'homme est ainsi fait que son oreille se ferme bien vite aux commandements de son divin Législateur et les préoccupations de ce monde l'empêchent d'écouter les accents de cette paternité souveraine. Les tonnerres du Sinaï ont à peine cessé de gronder qu'Israël se presse aux autels du veau d'or, oublieux déjà de la grande voix qui vient de faire résonner les rochers du désert. Mais Dieu qui est un père connaissant la faiblesse de ses enfants, ne se lassera pas de redire au monde la doctrine du salut. Et, si ce n'est pas assez de la voix du prêtre parlant du haut de la chaire chrétienne, si aujourd'hui encore trop souvent la multitude s'égare sur les traces des faux prophètes ou s'affaisse dans une indifférence coupable, on ira chercher une voix plus forte que celle qui sort d'une poitrine humaine pour forcer, si c'est nécessaire, l'attention du plus indifférent et l'obliger à entendre la parole de Dieu.

Telle est la mission de la cloche de nos églises. Chaque jour, elle redira au travailleur courbé vers la terre : N'oublie pas le Dieu qui féconde le sillon arrosé de tes sueurs. A l'enfant, elle rappellera la prière que sa mère vient de lui enseigner ; au pécheur, elle prêchera que le plaisir de ce monde est éphémère, que l'ivresse de la volupté lui procurera un terrible réveil, que l'injustice et le vol trouvent toujours leur châtiment ; elle éveillera en lui la conscience endormie, elle fera retentir la voix bienfaisante du remords et du repentir. Au matin surtout du jour que Dieu s'est réservé, elle criera partout : Souviens-toi, ô homme, de sanctifier le jour du repos sacré : *Memento ut diem sabatti sanctifices*[1].

Hélas! mes frères, ici, au-dessus de cette grande cité, ne faut-il pas que cette voix du Ciel parle plus haut et plus fort que partout ailleurs? Notre époque a vu le crime grandir, l'indifférence se géné-

1. *Exode*, xx, 8.

LEVAGE DE LA CLOCHE DANS SON BEFFROI PROVISOIRE

raliser, l'injustice devenir plus scandaleuse, et, au pied de ce Sinaï sur lequel nous sommes et où nous voyons Dieu face à face, est-ce que le Veau d'or n'a pas ses temples, ses prêtres et ses victimes? Le blasphème est plus audacieux que jamais; la volupté a des autels aussi nombreux peut-être que dans les villes maudites, foudroyées jadis par le feu du ciel: et, chose inouïe dans les annales de l'histoire, voici qu'un peuple entier essaie de se proclamer athée et sans Dieu, oubliant l'anathème du Psalmiste : C'est l'insensé qui seul a le droit de dire : Il n'y a pas de Dieu. *Dixit insipiens in corde suo : Non est Deus*[1].

Dans sa bonté inépuisable, Dieu voulait répondre à ces clameurs trop énergiques du vice, de l'indifférence et de l'impiété. Ce sera ton œuvre, ô puissant bourdon de Montmartre. Du haut de la sainte montagne, quand tu enverras sur la cité tes vibrations majestueuses, tu diras : Écoute, peuple de France, tu as un Dieu. Entends sa parole et son enseignement : c'est là seulement ce qui peut t'empêcher de marcher à l'abîme. Tu as un maître qui est bon, plus que le meilleur des pères, plus que la plus aimante des mères. O peuple, n'écoute pas la voix de tes passions qui te conduiraient à la synagogue de Satan : prête l'oreille à la voix de ton Dieu qui t'a choisi et qui t'a prédestiné, du Dieu qui te punit et te châtie quelquefois, mais qui montre par là même l'indestructible amour qu'il a pour toi.

Mais le Dieu qui parle au monde, c'est encore le Dieu de l'Évangile, c'est le Verbe éternel descendu parmi nous, au jour où il a été dit : le Verbe s'est fait chair. *Verbum caro factum est.*

Il a parlé à Bethléem dans l'humilité de sa crèche, à Nazareth dans l'obscurité de sa vie laborieuse, du haut de la chaire sanglante dressée pour lui au sommet du Calvaire : il parle encore et sans cesse du fond de nos tabernacles. Ce qu'il disait alors, par ses actes et par ses paroles, ce qu'il répète sans se lasser jamais, c'est le discours qu'il prononça sur une autre montagne, pour révéler à l'humanité régénérée les secrets du bonheur. Ah ! le bonheur ! le monde le recherche en vain; il le demande à l'or, au plaisir, à l'orgueil. Non,

1. *Ps.* XIII, 1.

la félicité n'est pas là. Ecoutons Jésus qui nous dit : Le bonheur, c'est d'être doux et humble, c'est d'avoir le cœur pur; c'est d'être pacifique, d'avoir faim et soif de la justice et de la vérité, de pleurer avec Lui pour recevoir ses consolations divines; c'est de souffrir et d'être persécuté pour la justice afin de cueillir un jour les palmes du triomphe.

Mais pour comprendre ces douces paroles du Rédempteur, il faut encore que l'attention des hommes soit appelée vers l'autel où il s'immole, vers la chaire d'où l'on parle en son nom, vers l'église où s'accomplissent les mystères du salut. Sonne donc, ô cloche de Montmartre, sois l'apôtre et le missionnaire de l'Évangile : augmente encore l'amplitude de tes ondes sonores, pour redire la parole de Jésus : Venez tous. *Venite omnes.*

Venez tous, grands et petits, riches et pauvres; venez, âmes pures et innocentes, venez, pécheurs dont le cœur est souillé par l'iniquité, venez tous, car tous vous souffrez et vous avez de la peine ici-bas, et moi seul je suis à même de vous consoler et de vous soutenir sur le chemin du ciel. *Venite ad me omnes... et ego reficiam vos*[1].

Mais Dieu a parlé encore une fois, et ce sera l'éternel honneur de la France d'avoir été désignée dans les desseins providentiels pour être le théâtre de cette nouvelle et mystérieuse théophanie. Il y a deux siècles, dans le sanctuaire prédestiné de Paray-le-Monial, notre Dieu s'est révélé à une humble vierge, la petite-fille de notre saint François de Sales; Marguerite-Marie a été l'évangéliste et l'apôtre de la dévotion au Sacré-Cœur, dont notre grand évêque avait été le précurseur. Entr'ouvrant sa chair glorieuse, Jésus a montré son Cœur, ce Cœur le plus ardent, le plus noble, le plus pur, le plus vaillant qui ait jamais battu dans une poitrine humaine, et il a demandé pour ce Cœur sacré, un culte, des adorations et de l'amour.

Longtemps, cet appel de Dieu est resté sans réponse : Jésus a été patient parce qu'il est éternel. Mais, son heure est venue. Il veut que son Cœur soit glorifié : il le sera.

1. Matth., XI, 28.

Déjà des vaillants l'avaient porté à leur poitrine sur d'héroïques champs de bataille, et naguère, dans ces jours terribles où la patrie agonisante donnait le meilleur sang de ses veines, le Sacré-Cœur apparaissait planant au-dessus de la fumée des combats, comme la blanche colombe sur les eaux du déluge. Enfin, lorsque des flammes vengeresses eurent dévasté la cité coupable, à l'heure des luttes fratricides, Jésus a dit encore : Ici même je veux être honoré, je veux être aimé, je veux être adoré.

O France, tu as répondu cette fois à l'affectueux appel de ton Dieu. La sublime Basilique s'élève : elle grandit, elle portera bien haut le solennel témoignage de ton amour et de ton espérance. O cloche de Montmartre, parle donc au monde de ce Cœur bien-aimé. Avec ta voix puissante, continue l'apostolat commencé par l'humble Marguerite-Marie. Sois le héraut qui annoncera l'avènement de Jésus et qui proclamera sa royauté sur les âmes. Deviens apôtre et parle *au nom du Sacré-Cœur*.

Oui, porte jusqu'au ciel l'accent de nos louanges et de nos adorations au Dieu vivant et véritable. Chante avec nous sur la terre l'alleluia immortel, *au nom du Sacré-Cœur*.

Appelle le peuple de France, le peuple prédestiné. Dis-lui de s'unir, de cesser ses dissensions et ses haines, de se grouper autour de ces autels vénérés afin de pouvoir reprendre à travers les siècles sa marche glorieuse, *au nom du Sacré-Cœur*.

Convoque les lévites, les prêtres et les pontifes du clergé de France, héritiers d'un si noble passé. Dis-leur de venir illuminer leurs intelligences et réchauffer leurs âmes aux ardents rayons de cette fournaise d'amour, afin qu'ils puissent faire avec plus de zèle encore l'œuvre de Dieu au milieu de son peuple, et sauver les âmes, *au nom du Sacré-Cœur*.

Pleure sur nos défunts et surtout sur les âmes qui sont mortes à la vie de la grâce et qui sont ensevelies dans la sépulture du péché. Mais que tes chants de deuil ne restent pas sans espérance; qu'ils soient comme les larmes vivifiantes de Jésus pleurant sur le tombeau de Lazare. Entonne avec nous les hymnes de la résurrection et de la vie, *au nom du Sacré-Cœur*.

Éloigne les nuages et les tempêtes; c'est le pouvoir que l'Église t'a donné. Mais surtout dissipe ces nuées aux teintes sanglantes qui obscurcissent le ciel de la patrie, qui montent à tous les points de l'horizon social. Obtiens-nous la sérénité et la paix, *au nom du Sacré-Cœur.*

Résonne enfin pour prendre part à nos fêtes, pour t'associer à nos solennités chrétiennes, comme aux réjouissances nationales de la patrie française. Prépare-toi à célébrer le triomphe que nous annoncent les divines promesses, le jour où la liberté, la tranquillité et le salut seront donnés à l'Église et à la patrie, *au nom du Sacré-Cœur*[1].

J'ai fini, mes frères ; mais avant de descendre de cette chaire, il me reste encore un devoir bien doux à remplir.

Puisque j'ai en ce moment l'insigne honneur de porter la parole au nom de mon cher pays, d'être le représentant du clergé et du peuple de cette Savoie, à laquelle, aujourd'hui plus que jamais, je suis heureux et fier d'appartenir, qu'il me soit permis de remercier ici tous ceux à qui nous devons l'expression de notre vive et sincère gratitude.

Merci donc à vous, Eminentissime prince de la sainte Église, pasteur de ce diocèse de Paris, qui avez donné à Françoise-Marguerite la sanctification de son baptême, et qui avez répandu sur nous les bénédictions puisées tout récemment au cœur de Léon XIII.

Merci à ces illustres prélats[2], à ces prêtres innombrables qui ont fait à notre cloche monumentale, au jour de son baptême, une très noble garde d'honneur.

Merci à ces princes de l'éloquence chrétienne[3] dont je n'ai pu que redire aujourd'hui, en balbutiant, les accents magnifiques.

1. On connaît les paroles qui résument les fonctions de la cloche catholique :

Laudo Deum verum, plebem voco, congrego clerum.
Defunctos ploro, nimbos fugo, festa decoro.

2. Mgr l'archevêque de Rio-Janeiro, NN. SS. les évêques de Vannes et de La Rochelle, Mgr l'évêque titulaire de Rosea. Plus de mille prêtres appartenant à différents diocèses assistaient à la cérémonie, où le prélat consécrateur était entouré d'un grand nombre de membres du Chapitre métropolitain et de curés de Paris.

3. Le R. P. Monsabré et M. le chanoine Brettes.

Merci à ces vaillants religieux, gardiens de ce sanctuaire[1] à qui nous confions notre œuvre, sachant bien qu'ils sauront la faire servir, selon nos intentions, à la glorification de notre Dieu.

Merci à ce peuple de Paris qui a fait à notre *Savoyarde* un si cordial accueil au jour de son arrivée, et qui lui a manifesté, au jour de son baptême, un enthousiasme si sympathique, dont aucune barrière ne pouvait contenir les affectueux élans[2].

Merci en particulier à ces humbles ouvriers, que Dieu connaît et qu'il saura bien récompenser, qui venaient offrir si aimablement le concours de leurs mains robustes et intelligentes pour élever jusqu'ici ce colossal fardeau.

Merci surtout à toi, Cœur sacré de notre Jésus, qui daignas accepter cette offrande, bien indigne d'être présentée à ta Majesté suprême. Puisse-t-elle amener à ton autel des multitudes toujours plus nombreuses et toujours plus ferventes! Puisse-t-elle conduire à ton sanctuaire, ces pauvres, ces déshérités de la fortune, qui sont les privilégiés de ton amour! Puisse-t-elle sonner bientôt, au jour où tes promesses seront réalisées, où ta volonté sera entièrement accomplie, où ton règne sera arrivé, où tu domineras malgré tes ennemis. Ce jour-là, nous remercierons Dieu de ce qu'il a donné la victoire et le salut à l'Église et à la patrie par le sacré Cœur de Jésus. *Deo gratias qui dedit nobis victoriam per Jesum Christum dominum nostrum*[3].

Ainsi soit-il.

1. Les oblats de Marie Immaculée.

2. On estime à plus de 100,000 personnes, la foule qui s'est rendue au sanctuaire de Montmartre, le jour du baptême de la *Savoyarde*.

3. I. Cor. XV, 57.

EXTRAITS DES JOURNAUX

✣

Elle restera mémorable dans les annales de Montmartre, cette célébration du baptême de la *Savoyarde*, la cloche gigantesque envoyée par nos compatriotes catholiques de Savoie. Il faut évaluer à plus de cinquante mille personnes le chiffre de la foule qui a gravi, dans la matinée, les rues escarpées de notre mont Aventin. Foule composée d'ecclésiastiques, de religieuses, de fidèles et aussi de curieux. Le coup d'œil était aussi animé que pittoresque, grâce à une température exceptionnelle d'automne. On se nichait comme on pouvait aux alentours de la basilique du Sacré-Cœur, le nombre des privilégiés admis à pénétrer dans l'enceinte sacrée étant forcément restreint. Les toitures sont devenues de véritables terrasses où grouille la multitude; des têtes humaines émergent de toutes les fenêtres. C'est un inexplicable brouhaha, un murmure non interrompu qui ressemble par moments à celui de la mer, entendu dans le lointain pendant une tempête. L'impatience est surtout très vive d'entendre parler la *Savoyarde*.

Enfin, le tassement se fait et chacun peut, en attendant la cérémonie, jeter un coup d'œil sur le grand Paris qui se déroule majestueusement au pied de Montmartre. De légères brumes enveloppent certains quartiers, tandis que d'autres éclairés par le soleil, resplendissent avec des colorations lumineuses. De ce chaos de maisons, de monuments, il s'élève aussi comme le bruit d'une immense usine où le travail ne cesse jamais, mais les clameurs, les échos de la circulation de la grande ville, sont commes étouffés par l'espace. D'ailleurs, l'arrivée des prélats, du clergé, indique que le moment de la cérémonie approche. Maintenant on est tout à la *Savoyarde;* les yeux se dirigent vers le campanile dont les lourdes charpentes sont ornées de draperies blanches et de crépines argentées. Sur les piliers, scintillent des écussons portant la croix de

Savoie avec cette légende : « Dieu, Patrie, Honneur. » Les balustrades, les clôtures ont aussi des oriflammes que le vent agite. Le spectacle est splendide, comme son cadre est incomparable.

LE SOLEIL.

L'entrée triomphale de la *Savoyarde* fut, il y a quelques semaines, à Paris, l'événement du jour. La superbe cérémonie de son baptême fait en ce moment l'objet de toutes les conversations et l'on peut bien dire, sans risquer une métaphore trop hardie, que les premiers carillons lancés à toute volée par le géant de bronze dominent tous les bruits de la capitale et en éveillent tous les échos.

Ce nouvel hôte baptisé sur les hauteurs de Montmartre par le cardinal Richard, avec l'Archevêque de Chambéry pour parrain et la comtesse de Boigne pour marraine, a donc conquis, le 20 novembre de l'an de grâce 1895, ses lettres de grande naturalisation parisienne; il va prendre possession de sa demeure définitive; il est, grâce à Dieu, ce terrible Savoyard, d'une taille et d'un poids à résister à tous les assauts des démolisseurs et au choc de toutes les révolutions futures.

L'avenir est à lui; son immortalité sera plus réelle que les éphémères de la coupole; il sonnera quand nous aurons passé et, quand les enfants de nos enfants auront passé à leur tour, il sonnera encore et toujours, aussi jeune, aussi vibrant, aussi harmonieux.

Salut à la *Savoyarde!* C'est elle qui annoncera, à l'heure fixée dans les desseins de Dieu, le *Te Deum* du réveil et de la délivrance, la rentrée des exilés au foyer de la mère patrie, l'échéance réparatrice.... à laquelle il faut penser toujours sans en parler jamais.

Salut à la *Savoyarde!* Sa présence là-haut, au-dessus de notre grand Paris sceptique et pourtant si généreux, si facile à émouvoir et à entraîner, si enclin aux heureux retours, est comme un acte de foi en Dieu et en la patrie, et sa voix robuste nous apporte le chant de l'espérance.

Elle nous apporte aussi, ne l'oublions pas, la vibration des cœurs de la Savoie catholique et française « le pays des sommets » comme l'a appelée le comte de Mun, ce petit pays, gardien de la frontière des Alpes, où tout est grand, les montagnes, les aspects et les horizons,... les sentiments aussi. La Savoie, en 1860, nous avait donné le Mont-Blanc, qui est le roi des montagnes, elle nous donne, en 1895, la *Savoyarde*, qui est la reine des cloches.

Royale offrande en pleine république, et bien française et bien républicaine au sens le plus élevé du mot, car elle a été forgée avec l'obole des humbles autant qu'avec l'argent des riches; et il n'y a pas une commune, une paroisse, dans les vallées profondes et sur les sommets alpins, où le plus pauvre des bergers n'ait tenu à verser son petit sou dans la sébille, côte à côte avec les billets de banque et les louis d'or... Ne vaut-elle pas son pesant d'or cette cloche dans laquelle se trouvent ainsi fondues toutes les classes, nivelées toutes les inégalités, approchées toutes les distances, fusionnées toutes les générosités, et qui a résolu à sa manière le redoutable problème da la question sociale?...

Aussi bien Paris vient de nous montrer qu'il était heureux et fier de recevoir sa *Savoyarde*. Les enfants de la Savoie, qui sont si nombreux dans ses murs, s'y trouveront désormais presque chez eux; et, quand ils l'entendront sonner à toute volée, combien de ces honnêtes et vaillants travailleurs éprouveront une sensation analogue à celle du montagnard de la Suisse quand résonne le *Ranz des Vaches*.... Sur nos boulevards, sur nos places, à travers le tourbillon de Paris, traînant le lourd fardeau du labeur quotidien, chemin faisant, ils s'arrêteront pensifs comme si une voix de là-bas leur parlait.

Univers.

La *Savoyarde* attire l'attention de tous sur la basilique que le peuple de France élève à la gloire du Sacré-Cœur au sommet de la colline des Martyrs. C'est l'affaire d'actualité. Les reporters font en foule l'ascension de la butte, et c'est à qui relèvera le mieux les moindres détails qui concernent la fameuse cloche. Les journaux mondains vont même jusqu'à publier les prières liturgiques qui seront prononcées lors de la bénédiction. Et ils répandent ainsi à travers le monde un peu de cette pénétrante poésie chrétienne qui inspire toutes les prières de notre sainte liturgie.

Qui aurait prédit, il y a quinze ans, que la bénédiction d'une cloche ramènerait aujourd'hui autant d'âmes et attirerait ainsi la sympathie des foules vers une basilique dont la haine sectaire voulait arracher les pierres avant même qu'elles fussent scellées?

Combien les temps sont changés! Il n'y a pas cinq ans encore, une fête comme celle-là eût passé inaperçue. La presse boulevardière se serait tue ou aurait ricané. Aujourd'hui elle en parle comme d'un événement mondain. Çà et là percent encore quelques pointes de sceptique raillerie, mais le respect est au fond.

La bénédiction d'une cloche catholique prend ainsi les proportions d'un véritable événement.

C'est que l'on commence à s'apercevoir des fruits que portent les doctrines perverses que l'on a préconisées depuis vingt ans. On voit ce que donne l'école sans Dieu; on mesure avec effroi la marche toujours croissante des suicides, et des suicides d'enfants surtout; on constate que l'immoralité se répand de plus en plus dans les couches profondes de la nation; on sent le torrent de boue grandir chaque jour et souiller de plus en plus ses bords.

Et de ce désarroi général, de cette désespérance morose qui envahit tout, de ce fumier puant qui constitue le monde de notre fin de siècle, monte une aspiration vers le beau, vers le pur, vers l'idéal. On veut sortir de cette atmosphère lourde qui brise les générosités et enténèbre les âmes; et naturellement c'est vers l'au-delà, vers l'en-haut, vers le ciel que se lèvent les regards.

Voilà pourquoi l'on est si sympathique à cette fête de Montmartre. On trouve là un peu de cet idéal, un coin de cet azur après lequel soupirent les masses.

Du haut de notre mont des Martyrs, on a la sensation d'échapper à l'atmosphère parisienne. Et depuis que là-haut s'élève une basilique insigne en l'honneur du Dieu vivant, cette sensation s'accroît de l'idéal religieux qui trouve là comme une réalisation.

Les Parisiens ont commencé de compter le monument de la France chrétienne au nombre des joyaux de la capitale. Encore quelques fêtes comme la bénédiction de la *Savoyarde* et Montmartre redeviendra la colline sacrée qui sera le rempart de Paris contre les maux d'ici-bas, la cité sainte où les générations futures iront chercher la paix du cœur et le repos des vaines agitations du siècle.

H. Desportes (*France nouvelle*).

Cent mille personnes, — le compte en a été fait officiellement, se pressent, heureuses, vers la célèbre butte. Vingt mille admises à suivre de près l'admirable cérémonie. Les autres accumulées dans les rues voisines pour entendre le premier vagissement de la cloche.

Cette cloche, en vérité, ne peut inspirer que le respect et la reconnaissance. N'est-elle point, comme on l'a dit, le gage de fidélité d'une de nos plus belles provinces à la mère-patrie?

Aussi étaient-ils là, hier, la plupart des Savoyards : et les princes de la noblesse, et les princes de la religion, et les maires des plus modestes communes venus exprès pour le baptême, et tous ceux qui ont élu domicile à Paris. C'est ce qui explique pourquoi, de ci, de là, tant de regards amis s'échangeaient.

La cérémonie devait commencer à deux heures. A midi quinze, on était forcé d'ouvrir devant le public impatient les portes des chantiers, puis celles de la Basilique, bondée un quart d'heure après.

Tableau digne d'un David. Dans la nef, le public le plus élégant, les invités de la marraine et du parrain. Au banc d'œuvre, des évêques, des chanoines. Dans les bas-côtés, un amoncellement de têtes, sur les échafaudages de la partie non terminée, des superpositions d'hommes. Dans le chœur, assis sur des bancs et même sur les marches, des délégués de tout le clergé de France.

Il n'y a guère que les esprits bornés qui puissent contester sérieusement les lumières que l'Eglise sait répandre sur les plus inquiétants mystères de la vie. On découvre qu'elle s'entend, lorsqu'on veut bien se donner la peine d'y prendre garde, à arracher à la matière, mieux que les plus profonds poètes, les secrètes explosions de poésie encloses dans son sein inerte. Elle fait jaillir, avec une puissance souveraine l'âme des choses, et la jette, éperdûment mélodieuse, en chants extasiés vers l'Infini. Quand elle a dressé vers le ciel le défi de ses cathédrales, floraisons de pierres épanouies en échevèlement vertigineux, elle se risque encore à en charger les voûtes frêles d'un flux et d'un reflux mouvant de sons coulant de la gueule béante et géante des cloches. Et toutes les nervures délicates de l'édifice en frémissent, sans qu'en soit ébranlée l'invraisemblable solidité. Il semble ainsi qu'elle parvienne à agenouiller, devant Dieu, l'immensité des forêts, toute la grâce radieuse des fleurs, tous les frissons de vie terrestre dont la cloche se fait la voix implorante ou triomphale, pour jeter, aux quatre vents, les hymnes de la création vers le Créateur.

Et ainsi le baptême de la cloche du Sacré-Cœur est une solennité où les profanes comme les personnes pieuses, les uns et les autres, de manière un peu différente, peuvent éprouver une grave émotion.

Pour se pénétrer de toute la poésie accumulée par la pensée des siècles dans l'âme des cloches, il suffit de lire les prières liturgiques et de se représenter l'image des cérémonies par lesquelles l'Église inaugure leurs fonctions idéales.

D'où, en effet, nous est-elle venue, cette cloche symbolique? De la province qui, quoique entrée la dernière dans la famille française, a voulu, à cause de cela même, nous envoyer un témoignage plus expressif d'attachement et d'affection. Elle nous est venue de cette Savoie de François de Sales, de de Maistre et de Dupanloup, qui, en nous l'offrant, lui a donné son nom, comme pour mieux exprimer qu'elle y mettait son cœur. C'est son peuple laborieux, c'est l'habitant pauvre des montagnes et des chaumières qui, sou par sou, a payé joyeusement le bronze qui devait dire à la France l'invincible amour de sa nouvelle fille et l'admirable fidélité de son patriotisme.

Dès qu'on a appartenu à la France, on veut lui appartenir toujours. L'Alsace-Lorraine le murmure sans relâche à l'oppresseur germanique; la Savoie le crie au monde par la voie sonore de la cloche de Montmartre.

FIGARO.

Le baptême de la *Savoyarde* a permis une fois de plus aux radicaux de faire montre de leurs sentiments de tolérance religieuse. Leurs journaux ne demandent rien moins que la démolition de l'église du Sacré-Cœur. C'est un procédé expéditif. Paris ne serait qu'un vaste chantier de démolition si, à chaque saute du vent, les partis au pouvoir s'amusaient à jeter bas les monuments édifiés par leurs prédécesseurs. Avec ce régime, il y a longtemps que Notre-Dame, la Sainte Chapelle et le Louvre ne seraient plus qu'à l'état de souvenir. La Commune avait adopté ce système, mais le temps lui a manqué pour l'appliquer sur une vaste échelle. Les révolutionnaires actuels entendent-ils reprendre ces glorieuses traditions et achever l'œuvre commencée en 1871? Quand le *Radical* pousse le cri de : « A bas le Sacré-Cœur, » il serait intéressant de savoir s'il parle au propre ou au figuré. Veut-il que le gouvernement procède par voie d'expropriation? Ou laisse-t-il au peuple le soin de détruire un édifice construit à l'aide de contributions volontaires, sans que rien ait été demandé au Trésor? Personne, que nous sachions, en effet, n'a été obligé de verser son argent, et personne n'est forcé de monter à Montmartre pour faire ses dévotions. « Ce qu'une loi a fait une autre peut le défaire, » dit le *Radical*. Il paraît croire que l'Assemblée nationale a voué la France au Sacré-Cœur. Elle n'a rien fait de pareil Elle a seulement déclaré d'utilité publique la construction de l'église, déclaration dont le seul effet a été de permettre de recourir à l'expropriation pour l'acquisition du terrain. Nous ne voyons pas bien comment, dans ces conditions, on pourrait s'y prendre pour « défaire » ce qui a été fait en 1873, et nous avons quelque peine à comprendre la violente agitation produite dans certains esprits par le son de la *Savoyarde*.

Journal des Débats.

Tournons-nous vers ce qui réconforte les âmes et levons les regards vers cette basilique de Montmartre, où la reine des cloches de France, la *Savoyarde*, fera retentir bientôt, avec la voix de la prière, celle de l'espérance...

C'est une pensée touchante qui nous l'envoie. C'est la dernière venue dans la famille française, la Savoie, qui a voulu nous donner ce témoignage d'attachement et d'affection, la Savoie de François de Sales, de de Maistre et de Dupanloup, la plus pauvre peut-être, mais peut-être aussi la plus croyante de toutes nos provinces; et en nous l'offrant, elle lui a donné son nom, comme pour mieux exprimer qu'elle y mettait son cœur. La souscription ouverte dans les vallées et les chaumières en a promptement couvert le prix, fixé à 65,500 francs; et dès 1891, la cloche était fondue dans l'usine célèbre des frères Paccard, d'Annecy, connue dans les deux mondes et dont les produits sont recherchés jusqu'aux Indes et en Océanie. Mais l'opération de la fonte, si décisive qu'elle soit, ne termine pas tout, et après l'année nécessaire pour construire seulement le moule, il n'a pas fallu moins de quatre années pour compléter le travail artistique que réclamait le colosse, avec les guirlandes de feuillage, les inscriptions diverses, les armes et même les portraits qui le décorent.

La *Savoyarde* est le plus gros bourdon qui existe; elle pèse de son propre poids 18,835 kilogrammes, et avec ses accessoires 27,000 kilos. Le bourdon de Notre-Dame de Paris ne pèse que 12,500, celui de Sens 11,000, celui de Reims, 10,000. Mais, grâce à la pureté du métal et à la science des alliages qui le composent, huit hommes suffiront pour mettre le monstre en branle et le lancer à toute volée, tandis qu'il en faut douze pour mettre en mouvement le bourdon de Notre-Dame.

Le battant seul pèse 860 kilos.

Quand la *Savoyarde* a quitté son pays natal, ses créateurs ont tenu à faire entendre sa voix aux vallées alpestres, à la fois comme un salut et un adieu. Elle a rempli l'espace de ses vibrations imposantes, que répercutait majestueusement l'écho des montagnes, et elle ne produira pas un effet moins grandiose à Paris, dont elle dominera tout le tumulte. Ses ondes sonores se prolongent pendant sept à huit minutes, et on estime qu'elle sera entendue dans un rayon de plus de 40 kilomètres.

Elle mesure 3 m. 05 de hauteur, avec 9 mètres et demi de circonférence; mais sa grâce fait illusion sur l'énormité de ses proportions, et sa couleur presque blanche, à reflets d'argent, achève de lui donner un aspect élégant et svelte.

Au départ, il avait fallu, pour la conduire au chemin de fer, un chariot spécial, traîné par trois forts chevaux et quatorze paires de bœufs. A l'arrivée, il a aussi fallu un camion gigantesque, attelé de trente vigoureux percherons, pour lui faire escalader les pentes de Montmartre, en évitant certains ponts qu'elle eût défoncés au passage, et certaines rues où elle eût écrasé la canalisation souterraine des égouts. Enfin, par une matinée radieuse, elle a fait son entrée triomphale, aux acclamations d'une foule immense, sur le plateau de la colline sacrée où elle attendra, dans une installation provisoire, la construction définitive de la tour qui doit la contenir.

En même temps, la basilique s'achève; le dôme central monte dans les airs; tout marche de front, et dans un très prochain avenir l'édifice majestueux, dominant la grande ville étendue à ses pieds, sonnera peut-être, du haut de sa grosse tour, le triomphal *Te Deum* de la victoire.

CORRESPONDANT.

La sainte colline, le mont des Martyrs a désormais une voix. La cloche superbe, offerte à la basilique du Vœu National par la catholique Savoie, a reçu hier le baptême : elle a reçu mission de proclamer par-dessus les bruits de la ville l'amour de Jésus pour la France et la fidélité de la France à Jésus. Et désormais, quand son chant grave s'épandra sur les foules distraites, elles se rappelleront que cette voix, qui fait passer en elles un frémissement, traduit à sa manière l'appel d'amour et de miséricorde du Cœur de Jésus.

La *Savoyarde* sortait à peine des ateliers du fondeur, œuvre précieuse d'un art merveilleux, symbole plus précieux encore de la Foi et du patriotisme, elle venait à peine d'apparaître dans la perfection et la splendeur de sa forme, que la nouvelle d'une victoire de nos armes parcourait la France. L'héroïsme de nos soldats, leur patient effort, l'énergie de leurs chefs avaient enfin triomphé de difficultés et de périls qui, depuis de longs mois, remplissaient tous les cœurs de tristesse et d'inquiétude. N'est-ce pas un heureux présage qui saluait ainsi sa naissance? N'est-ce pas comme une marque de sa prédestination, ces *Te Deum* qui éclataient dans nos églises, comme pour lui apprendre tout d'abord le frémissement des chants de victoire? Ah! si Dieu veut que l'œuvre de justice, attendue et préparée par notre patriotisme, soit le résultat d'un nouvel effort de nos armes, nous nous rappellerons, pleins d'espoir, les promesses de ta naissance.

Mais si nos vœux les plus ardents sont exaucés, voix de notre colline sacrée, voix pieuse et attendrie du Cœur divin qui a tant aimé les hommes, tu ne chanteras que les douces victoires de la concorde et de la paix.

Autour du clocher modeste de nos villages et de nos petites villes, des voix moins puissantes, mais qu'un même souffle anime et rend persuasives et touchantes, ont longtemps entretenu dans le cercle de leurs vibrations une sorte d'esprit de famille. Tous ceux qui entendent, à l'*angelus* du soir et du matin, tinter la même cloche, tous ceux que la même voix convie aux fêtes du baptême et du mariage, appelle aux suprêmes adieux, se sentent unis entre eux par un lien puissant et sacré. Et notre admirable langue, dont les rares figures se justifient toujours par une observation profonde, quand elle veut exprimer ce patriotisme restreint qui nous fait chérir le coin de terre où nous sommes nés, dit : l'amour du clocher.

Or, aujourd'hui Paris, et avec Paris, la France catholique tout entière, ont leur cloche et leur clocher.

Clocher plus haut, plus fier, plus glorieux que les autres, parce que son élan vers le Ciel est la résultante des forces vives de la Foi, dans toute la grande nation française ; cloche plus grande et plus loin entendue, parce que c'est le cœur de la France tout entière qui doit frémir au choc de son lourd battant! Cher clocher de la cité souveraine, clocher de la patrie, puisses-tu, comme tes frères plus modestes, grouper autour de toi des affections et des fraternités ! Puisses-tu être le centre autour duquel gravitent toutes les joies, toutes les espérances, tous les deuils, comme autour du clocher du village gravite la vie entière de ses habitants. Puisses-tu un jour, clocher qui te dresses comme un drapeau au faîte de la patrie, être le point de ralliement pour les réconciliations suprêmes !

Ce jour, nous l'attendons, nous l'appelons de nos prières. Dieu le fera luire sur toi, sinon sur nous qui vivons à l'heure présente.

La France ne saurait mourir et ne saurait vivre sans Dieu. L'œuvre même de ceux qui l'ont pervertie peut servir à la désabuser. De l'excès de ses fautes peut naître un jour dans son cœur généreux le désir de la conversion. A voir sans cesse opprimer la liberté et la justice, elle apprendra à aimer Celui qui sema par le monde la parole de liberté et de justice !

Et le jour où elle viendra abjurer les erreurs du passé et se donner à Dieu, le clocher du Sacré-Cœur de Montmartre sera le plus fier clocher de l'univers. La tige de sa croix servira de hampe au drapeau, et sa voix puissante, épanouie enfin dans la joie, réapprendra à la France de demain l'hymne trop oublié, l'hymne d'amour et de Foi qui rendit si vaillante et si gaie la glorieuse France d'autrefois.

En attendant, comme le disait hier l'éloquent prédicateur qui a salué ton baptême, sonne en appel, cloche du Sacré-Cœur de Jésus ! En appel à tous les dévouements obscurs, à tous les désirs sincères de concorde, en appel à la fraternité de tous les hommes dans le même amour de leur Père du Ciel. Ainsi tu prépareras et tu hâteras l'heure du triomphe définitif de Celui qui nous avertit par ta voix sonore. Sonne et chante, chante la Foi inébranlable, l'espérance immortelle, la divine Charité!

Abbé Léon Garnier (*Peuple Français*).

La presse impie adresse quelquefois à l'œuvre des éloges involontaires. C'est ainsi que M. Francisque Sarcey écrivait, dans l'*Écho de Paris*, les aveux suivants :

« ... Il faut bien l'avouer, nous nous sommes parfaitement trompés dans nos conjectures ; nous avions mal calculé la force que peut déployer chez nous l'esprit religieux.

« Ces messieurs n'ont eu qu'à frapper du pied cette terre bénie de la province ; ils en ont fait jaillir des millions. On pourra épiloguer tant qu'on voudra sur les moyens dont ils se sont servis pour pomper l'argent des fidèles... Il n'en restera pas moins un fait incontestable dont la vérité est aussi éclatante que la lumière du soleil, c'est que, depuis vingt-deux ans, l'argent n'a cessé d'affluer, tantôt à gros bouillons, tantôt par une foule de petits ruisseaux qui ont formé, comme dit le proverbe, une grande rivière. Et cette rivière a coulé ainsi à flots ininterrompus depuis un quart de siècle.

« Voilà près de vingt-cinq ans qu'ils ont ouvert leur souscription ; et tous les jours, depuis lors, sans un moment d'arrêt, ils ont cherché, ils ont trouvé des donateurs ; ils ont suscité, dans les chaumières comme dans les châteaux, des libéralités proportionnées aux facultés de chacun ; ils ont entassé le petit sou de l'enfant sur le billet de mille de la douairière ; et maintenant encore, lorsqu'ils ouvrent leurs comptes aux yeux du public, on voit que chaque mois apporte sa contribution nouvelle. »

Penchez-vous sur les cartes, et, de tous les points du monde, vous verrez les routes de la civilisation converger à Paris. A Paris, prenez n'importe quelle rue montante, et n'ayez crainte de vous perdre ; ne demandez votre route à aucun sergent de ville ; fermez

LA PRÉDICATION EN PLEIN AIR LE JOUR DE LA FÊTE

les yeux, si vous voulez, et sûrement vous parviendrez à Montmartre.

Montmartre! Le point extrême, d'où le regard peut faire le tour complet de l'horizon, fouiller la capitale entière, dans un détail tel qu'il distingue, là-bas, aux clochers de la Sainte-Chapelle, la couronne d'épines que nos rois ont placée au-dessus de leur couronne de lys, et la croix du Panthéon que nous avons pu sauver des mains de l'athéisme.

Et par ces belles journées d'automne, où l'horizon se perd dans un brouillard d'or, il semble que, de Montmartre, on voie l'infini, et qu'on entende raconter l'histoire de l'infini.

Auprès de vous se dresse, plus haut encore, l'immense église qui, jusqu'à ce jour, au milieu des échafaudages, s'achevait en silence. Et près d'elle, venant juste à son heure, est la voix qui va bientôt l'animer.

L'émotion qu'on éprouve est profonde en contemplant la cloche dont le bronze, avec des tons d'or bruni, brille doucement sous le soleil, à côté de la masse des pierres blanches, tandis que le ciel semble avoir réservé, comme pour une bienvenue, ses matinées d'azur les plus radieuses.

Et le peuple parisien à l'accueil duquel on n'ose penser, si, il y a dix années, fût venue s'imposer ainsi la voix des anciennes croyances, le peuple parisien s'est levé au milieu de la nuit pour aller voir la cloche arriver et passer, la saluer de ses applaudissements. Et, à cette heure, il va s'appuyer en foule aux barrières qui bordent la butte. Il regarde, avec un sourire de satisfaction, la *Savoyarde*.

Et il semble qu'il se plaise à répéter ce nom : la *Savoyarde*, comme celui de quelque chose de doux et de bon qui, irrésistiblement, sortirait de l'amoncellement de haine et de révolte sous lequel, depuis si longtemps, il se sent écrasé. Ce nom qui raconte l'offre de la cloche, faite par une province disputée jadis et heureuse d'appartenir enfin à la France, ce nom qui rappelle les versants français des Alpes, et qui, sous l'énorme airain, apporte le tintement des innombrables clochettes dont résonnent les bords des lacs et les montagnes gazonnées à l'heure des belles matines et des graves angélus de la nature, ce nom est à lui seul un mot d'amour. Le premier qu'on ait prononcé depuis si longtemps! Et il est populaire et attendrissant comme le tien, petit Français barbouillé de suie, qui fais ton tour de

France, et dont la frimousse noire sort de nos cheminées en chantant la patrie, le foyer et la famille.

La *Savoyarde*, la *Savoyarde!* La vois-tu la *Savoyarde?* Ce sont les gens du peuple qui se pressent en foule et se désignent du doigt la grosse cloche qui repose encore dans les chantiers avant le dernier élan pour grimper là-haut, au plus haut de Paris, et prendre sa volée.

La voyez-vous, la *Savoyarde?* On dirait qu'elle est en or! Et un ouvrier, hier matin, à mes côtés, ajoutait en parlant à un autre : « *Eh bien, tout de même, j'aime mieux voir ça. Ça fait ressentir quelque chose.* »

Oui, mon brave, tu as raison, va! attends avec anxiété ce premier son de la *Savoyarde* qui te fera *ressentir quelque chose.* Après tant d'années de contrainte où ton esprit à la torture vient de se débattre dans tant d'obscurité, à l'heure où, voyant les plus grands savants de ton pays mourir dans l'affirmation des croyances de tes ancêtres, tu t'aperçois qu'on t'a plus trompé dans l'espace d'un siècle que tu ne l'avais été pendant près de deux mille ans, guette-le dans l'attention de toute ton âme, le premier son de la cloche, comme une détente, comme le sanglot qui vous étreint la gorge lorsqu'on vient d'échapper au péril. Écoute! Et quand, du haut de l'église, le son prendra soudain son vol, allant répandre sur la capitale immense et sur le monde entier une onde d'amour, fais alors comme feront certains petits bonshommes qui, du haut des cheminées, en écoutant bouche bée, lâcheront peut-être leur tartine de beurre, pense à la patrie, puis au foyer, puis à la famille. Ne retiens pas ton attendrissement, va. Et pleure de joie à l'idée du retour.

Le Soleil.

LA SAVOYARDE

SON ORNEMENTATION

Par ce qui précède, il est facile de se convaincre que la *Savoyarde,* soit qu'on la considère dans le *motif* qui l'a fait naître, soit qu'on l'envisage au point de vue de l'*art* et de l'*harmonie*, dépasse de beaucoup tout ce qui a été fait dans ce genre, jusqu'à ce jour.

— Dans son *motif,* elle est une œuvre de supplication, d'adoration et d'amour, accomplie par tout un peuple qui, avec la Mère Patrie, ne veut désespérer ni de Dieu, ni de lui-même, parce qu'il a mis sa confiance dans le Sacré-Cœur. A ce point de vue, la *Savoyarde* sera l'*âme*, la *voix* du monument que la *France pénitente* et *dévouée* dresse sur sa montagne nationale.

C'est là qu'elle chantera un hymne sans fin, *per sæcula*, comme elle l'annonce et le promet dans sa belle inscription, et les Anges, au Ciel, admireront son cantique.

— Si on la considère au point de vue purement artistique, on demeure ébloui en présence de ce travail aussi harmonieux dans son ensemble que gracieux dans ses détails. On l'a dit avec raison : la *Savoyarde* est un immense bijou, enrichi de dentelles. Vue de loin, on ne sait ce qu'on doit admirer davantage, de la grandeur de ses proportions, de la correction de ses lignes, de la pureté de sa forme, de la grâce de ses contours.

Mais quand, de l'ensemble, on passe aux détails, on est ébloui en présence de tant de dessins, de rinceaux, d'arabesques, si savamment distribuées et si finement rendues. On voit bien que les artistes, exercés à ne faire que des travaux achevés, ont voulu faire du bourdon du Sacré-Cœur *leur chef-d'œuvre*, et y imprimer le cachet de leur génie vraiment chrétien, car il faut du génie pour exécuter une pièce comme la *Savoyarde*.

Nous ne demanderions pas mieux que de donner une idée aussi complète que possible de la royale parure de cette cloche, mais nous sommes obligés d'avouer que cette tâche, qui irait si bien à un dessinateur de marque, est au-dessus de nos forces. Qu'il nous suffise donc de présenter au lecteur une esquisse rapide, ou plutôt une simple nomenclature des ornements qui la décorent.

1° Au point coudé des anses ou colombettes qui forment comme le diadème de la *Savoyarde*, apparaît l'image du Sacré-Cœur environné d'épines. Ce premier dessin n'est pas autre que le blason même dont parlait saint François de Sales quand, en 1611, écrivant à sainte Jeanne de Chantal, il lui disait : « Dieu m'a fait connaître que notre Maison de la Visitation est, par sa grâce, assez noble et assez considérable pour avoir droit à ses armes, son blason, sa devise et son cri d'armes. J'ai donc pensé qu'il nous faut prendre pour armes un unique cœur percé de deux flèches, enfermé dans une couronne d'épines. Ce cœur aura une croix placée dans l'enclavure et le surmontera... » On ne pouvait choisir meilleur sujet pour orner le front des colombettes.

2° Sur la plate-forme de la cloche, les artistes ont disposé une frise dans le plus pur style du XIIe siècle. Ce dessin si beau et si bien réussi ne sera aperçu qu'autant que le visiteur se placera au-dessus de la pièce.

3° Autour du cerveau, ou partie arrondie de la cloche, apparait une couronne composée de palmes imitées des palmes grecques, qui enlacent des cœurs alternant avec elles. Nous laissons le public juge de l'effet produit.

4° Plus bas, comme pour faire appui à la couronne supérieure, court un léger bandeau formé de petites roses juxtaposées. C'est délicat comme un bijou.

5° C'est de ce point que partent les cordons encadrant l'inscription traduisant le motif de l'ex-voto de la Savoie au Sacré-Cœur :

An. · M · D · CCC · LXXX · VIII
Leone · XIII · P. · M.
Qvinqvegenaria · Solemnia · Sacerdotii · svi · agente
Me · Franciscam · Margaritam · a · sacratissimo · corde
Christi · Jesv · nvncvpatam
Clervs · proceres · popvlvs · qve · Sabavdiæ
Præevnte · Francisco · Alberto · Levillievx
archiepiscopo · Cambериensi
cvm · episcopis · provinciæ
ære · collato
dedervnt
pietatis · in · divinvm · cor · monimentvm
vrbi. · genti · orbi · vniverso
e · sacro · vertice · ingeminatvram · per · sæcvla
vivat · Jesvs.

« L'an 1888, au cours des solennités du jubilé sacerdotal du Souverain Pontife Léon XIII, moi, Françoise-Marguerite du Sacré-Cœur de Jésus, sur l'initiative de François-Albert Leuillieux, archevêque de Chambéry, avec le concours des évêques de la province, aux frais communs du clergé, des grands et du peuple de la Savoie, j'ai été offerte en don comme témoignage de piété envers le divin Cœur, pour redire à travers les siècles, du haut de la sainte colline, à la ville, à la nation, au monde entier : Vive Jésus!... »

Cette inscription, vrai modèle du genre, touche à une nouvelle frise que nous n'essayons pas de décrire, mais qu'il faudra voir sur place et de près pour se faire une idée du travail de gravure.

Il convient de mentionner ici l'inscription qui a été ajoutée après le baptême de la cloche :

J'ai été baptisée le 20 novembre 1895
par S. E. le cardinal Richard, archevêque de Paris
parrain : S. G. Monseigneur François Leuilleux
archevêque de Chambéry
second parrain : S. G. Mgr François Hautin, successeur
marraine : comtesse de Boigne, née de Sabran-Pontevès
prédicateurs : T. R. P. Monsabré; M. le chanoine F. Brettes

6° Nous arrivons à la partie lisse qui laisse voir : 1° la croix accostée à droite des armes de Sa Sainteté Léon XIII et, à gauche, de celles de Mgr Leuillieux; 2° Notre-Dame de Nyons, rayonnant entre les armes du cardinal Guibert à droite et celles du cardinal Richard à gauche; 3° les armes de Paris, flanquées de l'image de saint Denys à droite et de sainte Geneviève à gauche; 4° les armes de Chambéry avec saint François de Sales à droite et sainte Jeanne de Chantal à gauche. Entre saint François de Sales et les armes du cardinal Richard, on voit saint Anselme, docteur. Entre les armes du cardinal Guibert et sainte Geneviève, on dis-distingue saint Bernard de Menthon avec son costume de l'époque. Entre saint Denys et les armes de Mgr Leuillieux, on aperçoit saint Anthelme de Chignin. Enfin, entre les armes de Sa Sainteté Léon XIII et sainte Jeanne de Chantal, on remarque saint Pierre de Tarentaise. Cette partie de la cloche offre un coup d'œil ravissant.

7° La partie lisse ou *panse* de la cloche est fermée au bas par la galerie des blasons. C'est, sans contredit, l'ornement le plus compliqué et, par le fait, le plus riche de la *Savoyarde*. Le dessin tout entier mesure en hauteur 0 m. 50. Il se compose d'arcades dont les retombées reposent sur trois colonnes groupées. Chaque arcade encadre un des 36 blasons redisant, en leur langage héraldique, toute l'histoire de la noble Savoie venue librement à la France et lui gardant sa fidélité.

Ne pouvant décrire un à un tous ces écus, nous nous contenterons d'en donner les noms. Ce sont ceux de Savoie, d'Aix-les-Bains, du marquis d'Oncieu de la Batie, de la Métropole de Chambéry, de la famille de Boigne, du Sacré-Cœur de Chambéry, de Prat-Noilly, des RR. PP. Chartreux, de Cluses, du Faucigny, de la Fléchère, de Grézy-sur-Aixe, de Mgr Bouvier, de Moutiers, de Mgr Turinaz, de la Visitation de Rumilly, avec son cri de guerre : *E capoué !* du Genevois, d'Annecy, de Mgr Isoard, des Missionnaires de saint François de Sales, du comte de Menthon, de Saint-Julien, du Chablais, des RR. PP. Oblats de Marie, avec la devise que leur donna leur noble fondateur, Mgr de Mazenod : « Allez évangéliser les pauvres ! » de la comtesse Vial de Conflans, de Mgr Rosset, de Saint-Jean de Maurienne, de Notre-Dame de Chambéry, de Mgr Ricard, d'Albertville, des sœurs de Saint-Joseph de Chambéry, de l'abbé Naville et du comte Henri de Montbron, de Coussac-Bonneval, qui a donné le chêne superbe avec lequel on a fait la hune qui porte fièrement la *Savoyarde* et la couronne aujourd'hui sur le sommet de la colline.

On le voit, toutes les provinces qui composent l'ancien duché de Savoie sont représentées sur la *Savoyarde*, qui est avant tout l'œuvre, nous disons mieux l'*hommage*, non de quelques privilégiés de la fortune, mais d'un peuple entier.

Cette guirlande se complète à sa base par deux détails qui ne devaient pas être omis : 1° les 15 dizaines du T. S. Rosaire, distribuées en festons tout le long du dessin ; 2° les noms des membres du Comité du Vœu National vivant à la date de 1890, époque de la composition de la fausse cloche.

Voici les noms : M. l'abbé Pelgé ; R. P. Voirin O. M. I. ; MM. Th. Dauchez ; Legentil ; H. Rohault de Fleury ; Catillon ; baron Camille de Baulny ; général baron de Charette ; Chesnelong, sénateur ; Michel Cornudet ;

LE CHÊNE DE M. DE MONTBRON

Descotes ; vice-amiral marquis Gicquel des Touches ; Hemar ; Keller ; comte de Lambel ; E. de Margerie ; Merveilleux du Vignaux ; de Mont de Benque ; Musnier de Pleignes ; Pagès ; Ferdinand Riant ; vice-amiral Ribourt ; marquis de Ségur ; Beluze ; Baudon.

Enfin, pour achever cette simple énumération, nous ferons remarquer qu'entre la *batterie* et la *pince* court une frise de 0 m. 15 de haut, composée de feuillages, contenant de distance en distance une croix rayonnante et nimbée.

Cet aperçu, si incomplet qu'il soit, suffira à donner une idée de l'heureuse disposition des motifs d'ornementation qui font de la *Savoyarde* la plus belle cloche du monde *au point de vue décoratif.* Pour s'en convaincre, il n'y a qu'à voir la gravure qui la représente debout après son *lavage.*

LE POIDS — LA NOTE — LES DIMENSIONS

Maintenant que nous connaissons la *Savoyarde*, dans ses détails et son ensemble, il nous reste à connaître son *poids*, sa *note* et son mode de *suspension.*

1° Son poids. Ce n'était pas une petite affaire que celle d'avoir le poids exact d'un pareil morceau de bronze. Où trouver, en effet, une balance assez forte pour tenter une expérience comme celle-là? On finit cependant par en découvrir une, dite *romaine*, en l'air, de la force, disait-on, de 20,000 kilos? Mais c'était visiblement lui demander plus qu'elle ne pouvait porter. Aussi oscilla-t-elle entre 16.700 et 18.000 kilos.

Le poids exact de la cloche *nue* ne devait être connu que lorsque l'on aurait à son service une bascule faite pour des pièces de ce calibre. La gare des marchandises de La Chapelle était largement pourvue pour donner pleine satisfaction au public, à l'endroit de la *Savoyarde*. La veille de son départ pour Montmartre, elle fut donc amenée sur une bascule de réserve, et, en présence des témoins dont les noms figurent au procès-verbal rédigé pour la circonstance, il fut constaté que la cloche, *à elle seule,* pèse 18,835 kilos, le battant 850 kilos, la hune avec les armatures 6,530, ce qui fait un total de 26,215 kilos.

Encore un peu, et Mgr Rosset, qui voulait 20,000 kilos, était pleinement exaucé. C'est ici le lieu de rendre à MM. Paccard un hommage bien mérité. Ils n'ont voulu accepter et n'ont en réalité reçu que le prix *brut* du métal employé pour exécuter ce magnifique travail. Avec une générosité pleine de grandeur, ils ont dépassé *à dessein* le poids de 16,000 kilos en vue d'obtenir une note à la fois plus *forte* et plus *moelleuse* et rendre en même temps la cloche elle-même plus *solide*. « Tant pis, ont-ils dit, pour le surplus; nous offrons notre art, notre travail au Sacré-Cœur, c'est notre part dans l'ex-voto que la Savoie veut offrir au sanctuaire du Vœu national. »

2° Aujourd'hui que tout est fini et que la cloche, suspendue à sa hune, repose sur son beffroi provisoire, il est reconnu par les artistes qu'elle donne, d'une voix majestueuse et pure, l'*ut grave* que les fondeurs avaient garanti d'avance dans leurs conventions. De même, il a été constaté qu'après un coup de battant elle maintient sa note harmonieuse pendant 7 minutes. Il est permis de conjecturer qu'avec le temps elle gagnera encore.

3° Les dimensions de la *Savoyarde* sont exactement les suivantes : Hauteur totale, 3 m. 6; diamètre, 3 m. 4; circonférence, 9 m. 60; longueur du battant, 2 m. 60.

LA « SAVOYARDE » COMPARÉE AUX PLUS CÉLÈBRES BOURDONS

Nous ne voulons pas terminer cette notice sans mettre la *Savoyarde* en comparaison avec les plus grands bourdons qui ont existé ou qui existent encore.

Mais nous commencerons par faire observer qu'il n'y a rien de moins exact que le poids attribué à certains bourdons par l'imagination du vulgaire. Sans en chercher la raison, nous pensons que ce qui aurait pu contribuer à cette exagération, c'est qu'ils ont été faits à des époques où il n'était question que de la *livre* et non pas du kilo. Or, la livre d'alors n'était que le tiers du kilogramme au lieu de la moitié.

C'est pour n'avoir pas tenu compte de cette différence que l'on a donné à certains bourdons tout juste le tiers de plus qu'ils ne pèsent en réalité.

L'application en est facile à faire pour le bourdon de Notre-Dame de Paris, que l'on dit peser 18.000 kilos, parce que, dans les vieilles Archives, on a découvert 36.000 livres. Que l'on prenne le *tiers* et non la *moitié* de ce chiffre et l'on aura très approximativement le poids qu'il ne doit pas dépasser, c'est-à-dire 12.000 kilos; c'est du reste tout ce qu'il peut avoir d'après son diamètre qui est de 2 m. 70.

Ces réserves faites, en se basant sur les diamètres, c'est à la Russie que revient l'honneur d'avoir les plus grandes cloches.

Au couvent de la Trinité, près de Moscou, il y en a une qui mesure 13 pieds 9 pouces dans sa plus grande largeur. Mais est-il bien sûr qu'elle pèse, comme on le dit, 67,083 kilos, puisque, toujours à Moscou, il y en a une autre qui mesure 18 pieds de diamètre et qui se *contenterait* de peser seulement 65.000, tandis que la précédente, bien inférieure par le diamètre, serait du poids de 67.000 et plus?

En tout cas, ces deux énormes pièces ne seraient encore que des cloches en comparaison de la fameuse *Impératrice* qui mesure 22 pieds 5 pouces de diamètre,

Mais, étrange destinée! depuis qu'elle est faite, elle repose sur un piédestal, comme une motte inerte, sans qu'elle ait jamais mêlé sa voix aux concert de la terre.

Après la Russie, c'est à l'Allemagne que revient l'honneur de posséder le plus grand bourdon.

Chacun sait que l'empereur Guillaume a voulu éterniser le souvenir de ses victoires sur la France par un monument destiné à la cathédrale de Cologne. Dans ce but, il a fait fondre une cloche dite : l'*Impériale*, du poids de 28.000 kilos, avec le métal des canons pris aux Français pendant la désastreuse guerre de 1870.

Mais ironie du sort, pour ne rien dire de plus, la malencontreuse cloche a refusé jusqu'ici de donner le son attendu, et le peuple, à cause de cela, l'a nommée la *Muette* de Cologne. On a eu beau tenter des essais, la *Grande Taciturne*, comme l'a appelée la *Gazette de Cologne*, s'est montrée et se montre encore revêche. En vain 32 gros artilleurs, sous la conduite d'habiles techniciens, ont été requis pour la mettre en branle, la *Muette* n'a rien voulu dire et la foule moqueuse, qui attendait le résultat de l'opération, s'en est allée en chantant le refrain suivant :

Vaillants sonneurs, tirez les cordes,
Tirez plus fort, plus fort encor.

Mais, abstraction faite de leurs dimensions, que reste-t-il de ces cloches? Elles sont totalement dépourvues d'ornement. Ce qui est pire : elles sont défectueuses soit par le côté de la *forme*, soit par celui de la *tonalité*. Celles de Russie sont d'un évasement disgracieux et rendent des sons détestables, comme on peut s'en convaincre par celle qui a été prise au siège de Sébastopol et placée à Notre-Dame de Paris.

Celle de Cologne, coulée exprès pour insulter aux malheurs d'une grande nation, vaut moins encore, puisqu'elle est faite avec un métal qui n'est pas celui de la cloche. Puis, pourquoi ne le dirait-on pas? Elle a un *vice d'origine*. Elle est née protestante, tandis que la vraie cloche est d'origine catholique. A ce titre, elle n'admet pas les dissonances de doctrine; elle ne se prête pas aux altérations du dogme : née catholique, il lui plaît de rester catholique.

Réduite à ses vraies proportions, la *Muette* de Cologne signifie peu de chose, et nous, Français, nous ne le regrettons pas.

C'est donc à la France qu'est réservé l'honneur d'avoir les vrais bourdons répondant à leur destination et ayant un *tracé* qui permette de tirer du métal le meilleur parti possible.

Parmi ces bourdons, voici les plus renommés :

1° L'*Emmanuel* de Notre-Dame de Paris, qui a un diamètre de 2 m. 70 sur une hauteur totale de 2 m. 60, ce qui lui donne au maximum 12.000 kilos de poids;

2° La *Savinienne* de Sens, qui mesure 2 m. 60 de diamètre, sur une hauteur de 2 m. 74, ce qui lui vaut un poids ne dépassant pas, quoi qu'on en dise, 11,000 kilos;

3° La cloche du beffroi d'Amiens mesure 2 m. 38 de diamètre et pèse 11.000 kilos; elle a été fondue en 1748, le 8 août, dans la cour de l'évêché, et bénite le 20 du même mois, sous le nom de Marie-Firmine, c'est, croyons-nous, la plus grosse cloche communale qui existe.

Ce sont les plus grands bourdons qui aient existé jusqu'à ce jour en France. Après eux, viennent la *Charlotte* de Reims, de 2 m. 50 de diamètre et d'un poids maximum de 9,500 kilos; le bourdon de Notre-Dame de la Garde, de 8,000 kilos; la *Potentienne* de Sens, de 2 m. 34 de diamètre sur 2 m. 16 de hauteur, du poids de 8,000 kilos au plus. Or, la *Savoyarde* mesure exactement :

1° En hauteur.................... $3^{m}06$
2° En largeur.................... $3^{m}04$

Elle est donc la plus grosse cloche de France, puisqu'elle pourrait servir d'enveloppe ou de chape à la plus grande de toutes.

En outre, nous ferons remarquer que, parmi tous ces bourdons, qui ont cependant de la valeur, il n'en est aucun qui donne la note correspondante à son poids, mais qu'ils rendent ce que l'on appelle des notes de *hasard*. La *Savoyarde* seule a la gloire de donner sa note *précise*, correspondant à son poids, et annoncée à l'*avance*, sans que l'on ait eu à toucher à sa surface. Eclatante comme un bijou à l'extérieur, elle est restée noire à l'intérieur, parce qu'on se serait bien gardé de lui donner un coup de lime.

Si à tous ces titres incontestables nous ajoutons l'ornementation dont les anciens bourdons sont totalement dépourvus et qui fait de la *Savoyarde* une dentelle de bronze du côté extérieur, on est en droit de conclure qu'elle est, à tous les points de vue, la plus belle cloche qui ait été faite jusqu'à ce jour. Elle est la plus grande, la plus riche, la plus harmonieuse qui existe en France. Elle est la reine des cloches du monde. Nous ne pouvons que nous en réjouir : c'est la Cloche du Sacré-Cœur.

RED. :

21

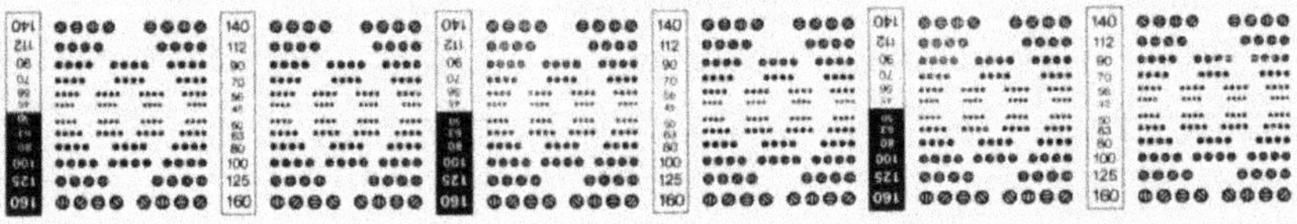

www.ingramcontent.com/pod-product-compliance
Ingram Content Group UK Ltd.
Pitfield, Milton Keynes, MK11 3LW, UK
UKHW020945180726
13838UKWH00003B/1133

9 782329 273563